本书由"延安时期中国共产党卫生系统思想政治教育研究"
（项目编号：2023BS04）资助出版

U0754236

新时代

高校思想政治教育工作质量提升探索

晁博红 著

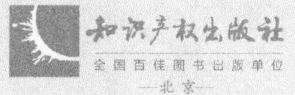

知识产权出版社

全国百佳图书出版单位

—北京—

图书在版编目（CIP）数据

新时代高校思想政治教育工作质量提升探索 / 晁博红著 . — 北京：知识产权出版社，2025.4. — ISBN 978-7-5130-9920-2

Ⅰ . G641

中国国家版本馆 CIP 数据核字第 2025S0Y397 号

内容提要

本书聚焦新时代高校思想政治教育工作的质量提升，在阐述高校思想政治工作基础理论的基础上，论述新时代高校思想政治工作的核心内容与体系构建，从渠道优化、多方融合与技术创新的角度，探讨新时代高校思想政治工作的质量提升路径。

本书可供思想政治教育工作者及相关领域研究人员阅读使用。

责任编辑：曹婧文　　　　　　　　责任印制：孙婷婷

新时代高校思想政治教育工作质量提升探索

XINSHIDAI GAOXIAO SIXIANG ZHENGZHI JIAOYU GONGZUO ZHILIANG TISHENG TANSUO

晁博红　著

出版发行：知识产权出版社 有限责任公司		网　　址：http://www.ipph.cn	
电　　话：010-82004826		http://www.laichushu.com	
社　　址：北京市海淀区气象路 50 号院		邮　　编：100081	
责编电话：010-82000860 转 8763		责编邮箱：laichushu@cnipr.com	
发行电话：010-82000860 转 8101		发行传真：010-82000893	
印　　刷：北京中献拓方科技发展有限公司		经　　销：新华书店、各大网上书店及相关专业书店	
开　　本：787mm×1000mm　1/16		印　　张：14.5	
版　　次：2025 年 4 月第 1 版		印　　次：2025 年 4 月第 1 次印刷	
字　　数：230 千字		定　　价：68.00 元	

ISBN 978-7-5130-9920-2

前　言

在新时代的宏大背景下，高校思想政治教育工作正经历着一场深刻的历史性变革，这一变革不仅带来前所未有的挑战，也孕育着无限的发展机遇。当前，我国社会经济发展日新月异，信息技术革命方兴未艾，这为高校思想政治教育工作提供了更为广阔的舞台，同时也对其提出了更高的要求，特别是对于大学生这一群体来说，他们的思想观念和价值取向正日益呈现出多元化的特征。在这个信息爆炸的时代，他们接触到的信息来源更加广泛，思想交流的平台更加多样，这为他们的成长提供了更多的可能性，同时也带来价值观念的冲突和选择的困惑。因此，加强和改进高校思想政治教育工作，提升其质量，已经成为新时代高校教育的一项重要任务，这不仅关系到高校自身的长远发展，更关系到我国社会主义事业的未来。高校思想政治教育工作质量的提升，将有助于引导大学生树立正确的世界观、人生观和价值观，培养他们成为具有坚定理想信念、深厚爱国情怀和良好道德品质的社会主义建设者和接班人。

本书全面深入探讨新时代高校思想政治教育工作，首先着重探讨新时代高校思想政治教育工作的基础，为后续章节的深入分析奠定坚实的理论基石。接着聚焦新时代高校思想政治教育工作的核心内容，详细阐述其内涵与重要性，最后转向体系构建，探讨如何系统地构建和完善高校思想政治教育工作体系，以提升其整体效能。在深入探讨基础和核心内容后，从渠道优化、多方融合以及技术创新角度，集中讨论新时代高校思想政治教育工作的质量提升，以适应新时代的发展需求。

本书从理论基础到实践应用，从体系构建到技术创新，全面系统地分析了新时代高校思想政治教育工作，旨在为我国高校思想政治教育工作的发展提供理论指导和实践参考。

目　录

第一章 新时代高校思想政治教育工作的基础

第一节 高校思想政治教育工作的地位与任务

一、高校思想政治教育工作的地位

高校思想政治教育工作在我国的教育体系中占据举足轻重的地位，其重要性不容忽视。它不仅关乎青年学生的个人成长和全面发展，更是国家意识形态建设和社会稳定的重要基石。

首先，高校思想政治教育工作是培养时代新人的重要途径。青年学生是国家未来的栋梁，他们的思想观念和道德水平直接关系国家的兴衰。高校思想政治教育工作通过传授马克思主义理论，弘扬社会主义核心价值观，引导学生树立正确的世界观、人生观和价值观，培养他们的社会责任感和历史使命感。这一过程是塑造青年学生成为有理想、有道德、有文化、有纪律的社会主义新人的关键环节。

其次，高校思想政治教育工作是推进高校教育改革的重要保障。随着我国教育改革的不断深入，高校面临着越来越多的挑战和机遇。在这个过程中，高校思想政治教育工作发挥着至关重要的作用。它有助于加强师生之间的思想交流和情感沟通，增强校园的凝聚力和向心力；有助于促进学科交叉和融合，推动学术创新和进步；有助于营造积极向上的校园文化氛围，提升学校的整体形象和竞争力。

再次，高校思想政治教育工作是维护社会稳定的重要力量。在当今社会，各种思想文化和价值观念相互交融、碰撞，这对高校学生的思想观念产生了深刻影响。高校思想政治教育工作通过加强对学生的思想政治教育，引导他们树立正确的思想观念和道德标准，提高他们的政治觉悟和鉴别能力，从而有效抵御各种错误思潮和腐朽文化的侵蚀。这对于维护社会稳定、促进社会和谐具有重要意义。

最后，高校思想政治教育工作是国家意识形态建设的重要阵地。意识形态工作是党的一项极端重要的工作。高校作为人才培养和思想文化交流的重要场所，其思想政治教育工作直接关系国家意识形态的安全和稳定。高校思想政治教育工作通过加强马克思主义理论教育和宣传，巩固和扩大马克思主义在意识形态领域的指导地位，增强国家意识形态的凝聚力和向心力，为国家的发展和进步提供有力的思想保障。

二、高校思想政治教育工作的任务

（一）以习近平新时代中国特色社会主义思想铸魂育人

在新时代的背景下，高等教育不仅承担着传授知识的重任，更肩负着培养德智体美劳全面发展的社会主义建设者和接班人的使命。因此，高校思想政治教育工作的主要任务之一便是以习近平新时代中国特色社会主义思想为指引，铸魂育人，确保教育工作的正确方向和育人的根本目的。

第一，深刻理解习近平新时代中国特色社会主义思想的内涵和精神实质。这一思想体系不仅是马克思主义中国化的最新成果，更是对中国特色社会主义伟大事业的全面总结和展望。它涵盖了政治、经济、文化、社会等多个方面，为新时代的发展提供了科学的理论指导和实践路径。在高校思想政治教育工作中，必须将这些核心理念和价值观融入教育教学全过程，使之成为引领青年学生成长成才的精神旗帜。

第二，铸魂育人要求高校在思想政治教育工作过程中注重培养学生的理想信念和社会责任感。通过深入开展理想信念教育，引导学生树立正确的世界观、人生观和价值观，增强他们对中国特色社会主义的道路自信、理论自信、制度自信和文化自信。同时，强调个人对社会的责任和贡献，鼓励学生将个人发展与国家命运紧密相连，积极投身实现中华民族伟大复兴的实践。

第三，高校思想政治教育工作应以习近平新时代中国特色社会主义思想为指导，推动思想政治教育工作内容的创新和方法的改革。面对信息化、多元化的社会环境，传统的教育方式已经难以适应学生的需求和社会发展变化。因此，需要不断创新教育内容，结合时代特点和学生实际，打造具有吸引力和感染力的思想政治课程；同时，也要改革教育方法，运用现代信息技术手段，提高教育的针对性和实效性。

第四，高校思想政治教育工作还需要与社会实践相结合，让学生在实践中深化对习近平新时代中国特色社会主义思想的理解和认同。通过开展丰富多彩的社会实践活动，让学生走出课堂、接触社会、了解国情民意，从而培养他们的社会责任感和奉献精神；同时，也可以通过实践锻炼提高他们的综合素质和能力水平。

（二）维护高校的和谐稳定

在新时代的背景下，高校思想政治教育工作承载着维护高校和谐稳定的重要使命。高校作为国家管理和社会治理的关键环节，其和谐稳定直接关系到国家的整体安全和社会的持续发展。同时，高校也是人才培养、科学研究、社会服务、文化传承和国际交流合作的重要基地，其稳定与否直接影响中国特色社会主义高等教育的质量。因此，维护高校和谐稳定成为高校思想政治教育工作的主要任务之一。

高校和谐稳定是国家安全和社会稳定的重要组成部分。高校的稳定不仅关系到师生的人身安全和财产安全，更关系到国家的意识形态安全和社会的和谐稳定。同时，高校的稳定也是高校正常运行的基础，是提升教育质量、推动科学研究、服务社会和传承文化的重要保障。

维护高校和谐稳定可以从以下角度进行。

第一，正确处理改革、发展、稳定的关系。高校在推进改革和发展的过程中，必须注重维护稳定。改革是动力，发展是目的，而稳定是前提。高校要以改革促进发展，通过构建现代化治理体系、推进"双一流"建设、改革人才培养机制和评价机制等来促进高校的内涵式发展。同时，要增强对各项工作之间的统筹和协调，确保改革、发展、稳定相互促进、相得益彰。

第二，提高师生的获得感、安全感和幸福感。高校要关注师生的思想需求，帮助解决师生面临的思想问题和实际困难。一方面，推动管理服务创新发展，加强"一站式"学生社区建设，提供便捷、高效、贴心的服务；另一方面，扩大师生对高校民主管理的参与度，增强师生的主人翁意识和责任感。此外，高校还应加强人文关怀，针对学生的特殊问题建立适宜的帮扶机制，如加强大学生心理健康教育和咨询服务中心建设、建立"四位一体"的发展型资助体系等。

第三，加强高校宣传思想文化阵地建设。高校要牢牢掌握宣传思想文化阵地的管理权和控制权，增强主流意识形态阵地意识。坚持底线思维，不断加强校园宣传思想文化工作的管理和引导。具体而言，从课堂制度、校园文化活动阵地、校园网络阵地等方面加强建设和管理。确保各类文化活动健康有序开展，网络空间清朗安全，为师生营造一个积极向上的文化氛围。

（三）积极培育良好的校风学风

在新时代背景下，高校作为文化传承与创新的重要基地，肩负着培养德智体美劳全面发展的社会主义建设者和接班人的历史使命。其中，高校思想政治教育工作的重要任务之一便是积极培育良好校风学风，这不仅是大学文化的集中体现，更是高校实现育人目标的重要保证。

校风学风作为高校文化育人的宝贵资源，对师生发挥着凝聚、教育、激励、规范、评价等重要功能。良好的校风学风能够凝聚人心，增强师生对学校的归属感和认同感，促进师生之间的团结与协作。校风学风具有强大的教育作用，通过耳濡目染、潜移默化的方式，引导师生树立正确的世界观、人生观和价值观。良好的校风学风能够激励师生追求卓越、奋发向前，不断提升个人的综合素质和能力。同时，校风学风还具有规范作用，通过明确的规章制度和行为准则，约束师生的言行举止，维护校园秩序和稳定。校风学风还具有评价作用，是衡量学校办学水平和教育质量的重要标准之一。

加强校风学风建设，可以从以下方面进行。

第一，加强校园精神文化建设。高校要结合自身办学特色，充分挖掘治校办学的优良传统，提炼和形成独特的校园精神文化。这种精神文化应该能够体现学校的核心价值观、办学理念和发展目标，成为凝聚师生力量的精神旗帜。同时，要加强对校园精神文化的宣传和普及，让广大师生深入了解并认同这种精神文化，从而增强对学校的归属感和认同感。

第二，将校风学风建设融入高校教育教学全过程。高校要将校风学风建设融入教育教学的各个环节，使其成为教育教学的有机组成部分。教师要注重师德师风建设，以身作则、为人师表，以优良教风引导和感染学生。管理服务人员要加强优良工作作风建设，以高效、优质的服务为学生提供良好的学习和生活环境。同时，大学生要明确学习目标、端正态度，注重提高自身思想政治素质，以良好的学风促进个人成长成才。

第三，形成全员参与校风学风建设的激励机制和约束机制。高校要坚持将校风学风建设与师生的考核、晋升、评奖评优等工作相结合，形成全员参与校风学风建设的激励机制和约束机制。一方面，通过表彰先进、树立典型等方式激励师生积极参与校风学风建设；另一方面，通过严格的规章制度和行为准则约束师生的言行举止，维护校园秩序和稳定。同时，要加强对校风学风建设的监督检查和评估反馈工作，及时发现问题并采取措施加以解决。

加强校风学风建设对于高校思想政治教育工作具有深远意义。它有助于提升学校的文化软实力和核心竞争力，为学校的发展提供有力的文化支撑和精神动力。校风学风建设有助于促进师生的全面发展和成长成才，为培养社会主义建设者和接班人奠定坚实的基础。

第二节　高校思想政治教育工作的理念及特征

一、高校思想政治教育工作的理念

理念，通常指主体根据自己对事物本质和发展趋势的理解和判断，根据自己对社会发展需要和对个体本性的体验，经过长期的过滤、积淀和检验而固定下来的思想观念，这种思想观念既是一种高度理性化的观念，也是一种高度价值性的观念。科学的理念既是对事物发展的本质联系和趋势规律性的正确揭示，也是人类、集体和个体发展需要的正确反映，还应当是合规律性和合目的性的统一。

思想政治教育工作理念，既应当反映学生群体存在和发展的本质要求，也应当反映高校思想政治教育工作的本质属性和发展要求；既应当反映学生群体发展和进步的本质需求，又应当反映学生个体发展和完善的必然趋势。

（一）全面发展理念

全面发展即人的全面发展，指人的体力和智力的充分发展，也指人在德智体美劳各方面和谐的发展。教育是造就人的全面发展的重要方法，在思想政治教育工作中，必须用全面发展的理念教育学生。学生是民族的希望、祖国的未来，是国家的合格建设者和可靠接班人。因此，必须使学生健康成长，使其思想道德素质、科学文化素质和身体健康素质等方面都得到提升。

第一，高校思想政治教育工作应以学生的全面发展为核心任务。思想政治素质的提高为学生成长成才提供坚实精神支持。学生的全面成长需要将思想政治教育工作与学生成长成才需求相结合，鼓励他们统一学习科学文化和加强思想政治修养，统一书本知识的学习和社会实践的参与，统一自身价值追求和为国家服务的责任感，以树立崇高理想和积极奋斗的精神，为中华振兴贡献更大力量。

第二，高校思想政治教育工作应立足于学生全面发展。随着社会和学生思想的变化，思想政治教育工作需要不断总结经验、拓展视野，不断丰富教育理论，采用多种途径和方式促进学生全面发展。这包括强化文化、网络、科技、伦理等方面的建设，提供多样的社会实践机会，以及扩展校园文化建设领域。所有这些都旨在帮助学生实现全面发展，成为社会主义事业的合格建设者和可靠接班人。

第三，高校思想政治教育工作应关注学生的健康成长。思想政治教育工作应以促进学生成长成才为目标，积极创造条件以服务学生的成长。在这个过程中，应特别关注学生的心理健康，加强心理健康教育，确保他们能够健康成长。

第四，高校思想政治教育工作应有助于学生人力资源的开发。随着社会的进步和知识经济的兴起，社会发展越来越依赖人的素质全面提高，因此，人力资源的开发变得至关重要。国家现代化建设的成功在很大程度上依赖国民素质的提高和人才资源的开发。要实现这一目标，必须注重人的非智力资源的开发，特别是通过科学管理和思想政治工作等手段。人力资源开发要从根本上激发人的积极性、主动性和创造性，充分挖掘人的潜能，以实现人的全面发展，使他们能够真正发挥自己的价值。

第五，思想政治教育工作应着眼于解决学生面临的实际问题。随着社会的快速发展，学生面临诸如学费高、多元文化的价值观多样性及就业难等问题。因此，高校思想政治教育工作者需要深入了解学生的实际困难，与他们交流并了解他们的心理状况，为他们提供支持。同时，学校和社会也应提供更多实际帮助，以解决学生面临的问题。

（二）和谐发展理念

高校思想政治教育工作过程中应适应现代社会的发展，以和谐发展理念为指导，使学生在人际交往，环境营造，管理机制和理念、文化和谐的氛围中接受思想政治教育。

1. 人际交往的和谐

人类是社会的一部分，其生活与交往相互交融不可分割。为引导学生实现和谐的人际交往，可以采取以下四个方法。

（1）鼓励学生主动参与社交活动。思想政治教育工作者应鼓励学生应积极参与校园内的社交活动，例如俱乐部、社团、志愿服务等。这些活动为学生与不同背景和兴趣的人建立联系提供了机会，拓宽了他们的社交圈子。

（2）鼓励学生主动交流和倾听。在与他人交往时，学生应主动表达自己的看法和情感，同时也要倾听他人的意见和需求。交流和倾听可以帮助他们建立深层次的联系，并促进互相理解。

（3）鼓励学生尊重多样性。现实生活中的人际交往通常涵盖各种文化和背景的人。应鼓励学生学会尊重和欣赏不同的观点和习惯，这有助于建立更加开放和包容的社交网络。

（4）鼓励学生发展社交技能。学会表达自己、解决冲突和建立信任等社交技能对于和谐的人际交往至关重要。鼓励学生可以通过参加沟通技巧培训、阅读相关书籍以及实践来提高这些技能。

（5）鼓励学生建立深层次的友谊。学生可以努力建立深厚的友情关系，而不只是表面上的社交关系。深层次的友情有助于提供情感支持和建立持久的联系。

（6）教育学生学会平衡线上和线下交往。尽管互联网提供了虚拟社交的机会，但学生仍然应该花足够的时间在现实世界中与人互动。因为只有线下交往才能提供更多机会来发展深刻的关系。

通过这些方法，学生可以更好地融入社会，建立和谐的人际关系，提高他们的社交技能，并促进个人成长。在现实生活中，积极的人际交往不仅有助于心理健康，还可以为未来的职业和个人生活打下坚实的基础。

2. 环境的和谐

营造和谐的环境在思想政治教育工作中具有极其重要的意义。这是因为思想政治教育是培养青少年的思想觉悟、政治素养和社会责任感的关键环节，而一个和谐的环境有助于更好地实现这一目标。

（1）加强思想政治教育工作队伍建设。教育工作队伍是思想政治教育的基础。为了创造和谐的环境，教育工作者需要具备专业知识和教育技巧，同时要有高度的思想政治觉悟。他们应该接受持续的培训以适应不断变化的社会和教育需求，同时也要不断提高自身的道德水平。只有这样，他们才能在教育过程中充分发挥积极的作用，引导学生形成正确的思想和价值观。

（2）实现多种教育教学方式的和谐。多样化的教育教学方式有助于满足不同学生的需求，培养他们的综合素养。在和谐的思想政治工作环境中，应该鼓励教师创新教学方法，包括讨论、互动、实践、跨学科等多种方式，以丰富教学内容，激发学生的兴趣，提高他们的学习积极性。

（3）实现理论与实践的和谐。思想政治教育工作不应该仅仅停留在理论层面，而应该与实际生活和社会实践相结合。学生需要了解如何将所学的思想政治知识应用到实际问题中，发挥积极作用。这需要学校提供相关的实践机会，如社会实践活动、志愿服务等，以促进理论与实践的和谐。

（4）实现各种关系的和谐。在思想政治教育中，师生之间的互动、学生之间的相互尊重都至关重要。和谐的关系有助于学生更好地接受教育，分享和表达自己的观点。这要求教师要以平等、尊重、关怀的态度对待学生，鼓励他们参与讨论，展开批判性思维，培养独立思考和自主学习的能力。

思想政治教育工作是一项复杂的系统工程，涉及师生双方的共同努力。要实现全员育人、全过程育人和全方位育人的目标，学校的党团组织和校园文化也应在课堂教学之外发挥重要的推动作用。只有在和谐的环境中，思想政治教育工作才能充分发挥作用，培养出更具思想觉悟和政治素养的新一代公民，为社会的发展和进步作出积极的贡献。

（三）素质教育理念

1.素质教育的特性

素质教育是一种重要的教育理念，其核心目标是实现人的全面发展，强调培养学生的道德品质、智力、体魄、美感等多方面的素质。素质教育具有社会性、全体性、全面性、个性化和主体性以及创造性五个特性。

（1）社会性。素质教育不仅仅是为了满足个体的需要，它也具有社会性。素质教育强调培养学生成为对社会有用的公民，具备社会责任感和社会参与意识。通过培养学生的道德品质和社会技能，素质教育有助于社会的和谐发展，促进社会的可持续繁荣。

（2）全体性。素质教育要关注每一个学生，而不仅仅是少数精英。它强调每个学生都有发展的潜力，应该受到平等的机会和关注。这种全体性的教育理念有助于减少不平等，促进社会的公平和公正。

（3）全面性。素质教育致力于培养学生的全面素质，包括智力、道德、情感、体育、艺术等各个方面。它不仅关注学术知识的传授，还强调学生的综合素质的培养。这有助于学生的全面发展。

（4）个性化和主体性。现代社会是多样化的，需要各种类型的人才。素质教育在培养学生的过程中注重人的个性化发展，鼓励学生发现和发展自己的兴趣和特长，使学生成为自主学习者，具备独立思考和解决问题的能力。这种个性化和主体性的特点有助于培养具有创新精神和适应性的人才。

（5）创造性。素质教育鼓励学生发展创造性思维和创新能力。它强调不仅要传授知识，还要培养学生的批判性思维和问题解决能力。素质教育通过开展各种创造性活动和项目，激发学生的创造潜力，使他们能够应对未来的挑战。

实施素质教育有助于培养具有综合素质和创新能力的学生，有助于学生在面对未来时做好充分的准备，同时也为社会的进步和可持续发展做出了贡献。

2. 思想政治中的素质教育

全面有效地实施素质教育的灵魂，主要在于对学生进行思想政治素质教育。必须全面贯彻党的教育方针，不断加强对学生爱国主义、集体主义和社会主义思想的教育。高校对学生进行思想政治素质教育，要做到以下三个方面。

（1）拓展教育内容。

第一，加强社会主义和爱国主义教育，教育学生树立爱国主义、集体主义、社会主义思想，树立忠诚和热爱祖国的信念和行为品质。

第二，加强提升学生对社会公平、正义和人民幸福的关切意识，使他们在行为和言论中始终考虑广大人民群众的利益，从而构建一个更加和谐的社会。

第三，加强共产主义道德教育，教育学生树立共产主义理想和共产主义道德思想，提高共产主义觉悟。使他们认识到个人幸福与社会幸福之间的联系，以及自愿为共同利益作出贡献的重要性。

第四，加强党的基本路线、国情教育，从而帮助学生深刻理解国家的政治、经济和社会状况，以及这些政策如何影响国家和社会的发展。这有助于培养学生的政治参与意识，使他们能够更好地为国家的未来发展作出贡献。

第五，加强新时代思想理论教育，用科学理论武装学生头脑。帮助他们更好地理解和应对日益复杂的社会和全球挑战，这将使他们具备更好的适应能力，为创新发展和社会进步作出贡献。

（2）丰富教育形式。

丰富大学生思想政治素质教育的形式对于培养有思想、有担当、有社会责任感的公民具有重要意义。

第一，认真落实思想政治教育在素质教育中的首要地位是确保思想政治教育工作的基础。思想政治课应该被视为教育的主渠道，通过它传达的理念和知识可以帮助学生树立正确的价值观，增强政治觉悟。这需要加强师资队伍建设，确保思政课教师具备高水平的教育背景和政治理念，以更好地引导学生。

第二，探索思想政治素质培养的途径是关键。高校应不断加强和改进日常思想政治教育，确保这些教育内容在实践中具有实效。这可以包括校内讨论会、社交媒体平台、学生社团和志愿者活动等，以增强学生的思辨能力和社会参与度。

第三，形势与政策教育是培养学生对国内外形势的了解以及对党和国家政策掌握的重要组成部分。学生需要正确认识国际国内形势，了解党的路线和国情民情，以便更好地参与国家建设。这可以通过课堂教学、讲座、研究论坛和媒体宣传来实现。

第四，充分发挥校园文化建设的作用。创建积极、健康的校园文化可以帮助学生形成积极向上、宽容互助的品格。文化活动、体育赛事、艺术表演等都可以成为培养学生的道德价值观念和社会责任感的途径。

第五，教育与生产劳动的结合有助于学生更好地认识与劳动人民的关系。学生积极参与社会实践活动，了解劳动的辛苦与价值，增强与劳动人民的感情。这种实践可以使学生更好地理解社会的运行机制，并培养他们的社会责任感。

第六，学生心理素质和心理健康的教育同样重要。学生面临着来自学业、生活和社会的压力，因此，高校应该提供心理健康服务和咨询，帮助学生更好地应对压力，维护心理健康，以便更好地参与思想政治教育和社会活动。

在丰富大学生思想政治素质教育的形式方面，高校综合利用以上提到的各种途径和措施，可以更好地培养具备全面素质的公民，使他们具备更强的思想政治觉悟和社会责任感，为国家和社会的繁荣发展作出积极贡献。

（3）探索教育方法。

探索教育方法对于高校思想政治教育工作的现代化和有效性至关重要。

第一，将现代化教学手段引入高校思想政治理论课教学中是适应时代要求的重要一步。教师在授课中不仅应该突出党的指导思想，更应该将课程内容紧密联系新的改革实践和时代发展脉搏。此外，应适应新技术革命引发的现代信息传播方式的深刻变革，使用多媒体教学、在线学习平台、互动式教育工具等现代技术，以激发学生的兴趣和改善他们的学习效果。这不仅可以使教育内容更加生动和具体，还可以更好地满足学生多元化的学习需求。

第二，改革考试方法是提高思想政治教育质量的一项关键举措。传统的考试方式主要强调记忆和应试技巧，但不能全面评价学生的思想政治素质。因此，应该更加注重学生的日常表现，采用多元评价方法，如小组讨论、项目报告、实践成果等，来全面考察学生的思想政治素质和综合能力，激励学生更积极地参与课程，培养他们的创新和批判思维。

第三，思想政治教育内容应当渗透到专业课教学中。这意味着在各个专业领域的教育中，也应当注重培养学生的社会责任感、伦理道德和公民素质。专业课与思想政治课同向同行，体现育人功能，使学生不仅具备专业知识和技能，还具备高尚的道德情操、强烈的社会责任感以及积极参与社会公益活动的意识。

在探索教育方法方面，高校应不断创新教育方式和手段，以适应现代社会发展，提高思想政治教育的实效性和吸引力。这有助于培养更具全面素质的学生，使他们成为具备创新精神、社会责任感和批判性思维的公民，为国家的繁荣和发展作出积极贡献。

二、高校思想政治教育工作的特征

（一）高校思想政治教育工作主体的特征

作为新时代的青年，大学生不仅承载着个人发展的梦想，更是国家未来和希望的重要承载者。因此，深入剖析高校思想政治教育工作主体的特征，对于提升教育效果、培养德智体美劳全面发展的社会主义建设者和接班人具有重要意义。

1. 高度自我意识和自主性

当代大学生在成长过程中，经历了社会的快速发展和信息的爆炸式增长，这使得他们具有较强的自我意识和自主性。在思想政治教育工作中，他们不再满足于被动接受，而是更加注重个人思考和表达。他们渴望被理解、被尊重，希望自己的声音能够被听到。这种高度的自我意识和自主性，要求我们在进行思想政治教育工作时，要更加注重与学生的沟通与交流，倾听他们的声音，尊重他们的选择，激发他们的内在动力，引导他们自主思考、自主发展。

2. 丰富的知识背景和开阔的视野

随着高等教育的普及，大学生的知识背景越来越丰富，他们的视野也越来越开阔。他们不仅掌握了扎实的专业知识，还具备跨学科的知识储备和跨文化的交流能力。这种丰富的知识背景和开阔的视野，使大学生在思考问题时能够更加全面、深入，对于各种社会现象和问题有着独到的见解和判断力。在思想政治教育工作中，我们要充分利用大学生的这一优势，引导他们将所学知识与社会实践相结合，培养他们的创新精神和实践能力，让他们在实践中不断成长和进步。

3. 强烈的社会责任感和使命感

作为新时代的青年，大学生要具备强烈的社会责任感和使命感。因此，在思想政治教育工作中，高校要善于激发大学生的这种责任感和使命感，引导他们将个人发展与国家发展、社会进步紧密结合起来，树立正确的世界观、人生观和价值观。同时，还要为大学生提供实践锻炼的机会，让他们在实践中体验社会责任和使命担当，从而更加坚定地走好人生的每一步。

4. 易于接受新事物和新思想

大学生正处于思想活跃、求知欲强的阶段，他们具备很强的学习能力和适应能力，易于接受新事物和新思想。在信息化时代，大学生通过互联网、社交媒体等渠道获取了大量的信息和知识，这为他们提供了更加广阔的视野和更加丰富的思想资源。在思想政治教育工作中，要善于利用大学生的这一特点，引导他们关注时代前沿、关注社会热点、关注国际形势，培养他们的全球视野和国际眼光。同时，我们还要注重运用现代化的教学手段和方法，如互联网、多媒体等，使思想政治工作更加生动、形象、有趣，从而提高教育的吸引力和感染力。

（二）高校思想政治教育工作环境的特征

高校思想政治教育工作环境作为培养高素质人才的重要阵地，其特征既体现了教育环境的普遍规律，又彰显了高校思想政治教育工作的独特性和时代性。以下是对高校思想政治教育工作环境特征的详细论述。

1. 多元化与包容性

高校思想政治教育工作环境的首要特征是多元化与包容性。随着全球化和信息化的加速发展，高校师生来源多样化、思想多元化成为常态。这种多元性不仅体现在学生的文化背景、学术领域、兴趣爱好等方面，也体现在教师的教育理念、教学方法、学术观点等方面。高校思想政治教育工作环境必须充分尊重和包容这种多元性，为师生提供自由表达、交流思想、碰撞智慧的平台。这种环境有助于培养学生的批判性思维、创新精神和社会责任感，同时也有助于促进教师之间的学术交流和思想碰撞，进而推动教育教学的改革和创新。

2. 动态性与变化性

高校思想政治教育工作环境还具有动态性与变化性的特征。随着时代的发展和社会的进步，高校思想政治教育工作的任务、内容、方式等都在不断发生变化。这种变化要求高校思想政治教育工作环境必须保持高度的灵活性和适应性，能够迅速响应时代的变化和社会的需求。例如，在信息化时代，高校思想政治教育工作需要充分利用互联网、大数据等新技术，创新工作方式和方法，提高工作的针对性和实效性。这种动态性和变化性也要求高校思想政治教育工作者必须具备敏锐的洞察力和创新精神，能够不断适应新环境、解决新问题、迎接新挑战。

3. 系统性与协同性

高校思想政治教育工作环境还具有系统性与协同性的特征。高校思想政治教育工作是一个系统工程，需要各个部门和各个环节的协同配合。高校需要建立健全思想政治教育工作体系，明确各部门的职责和任务，形成工作合力。同时，高校还需要加强与社会各界的联系和合作，共同构建良好的育人环境。这种系统性和协同性有助于实现高校思想政治教育工作的全覆盖和全过程管理，提高工作的整体效果和社会影响力。

第三节　高校思想政治教育工作的科学发展

高校思想政治教育是高等教育的重要环节内容。❶推动高校思想政治教育工作科学发展，就是紧紧围绕高校思想政治教育工作既定目标，遵循思想政治教育工作规律，创新工作方式方法，探索工作长效机制，提高高校思想政治教育工作的针对性和有效性，实现高校思想政治教育工作的可持续发展。

一、高校思想政治教育工作的发展规律

推动高校思想政治教育工作科学发展，就是要使思想政治教育工作符合思想政治教育的发展规律，使教育活动真正起作用、有效果。

（一）内化与外化规律

思想政治教育是培养和引导个体思想觉悟、政治认知以及价值观念的过程，它在社会发展中具有普遍规律，其中内化外化规律是一个重要方面。这一规律强调了思想政治教育的内在和外在表现之间的相互关联，以及它们在个体和社会层面的作用和影响。

❶ 梁炜昊，史小禹．高校思想政治教育科学发展研究 [J].喀什师范学院学报，2013，34（4）：88.

第一，内化过程——认知认同。认知，是开展日常思想政治教育的前提。通过对时代特征和基本国情的把握，引导大学生认识到自己所肩负的社会责任和历史使命，这是开展日常思想政治教育的基础和依据。内化，是开展日常思想政治教育的关键。通过对日常思想政治教育形成强烈的认同感，不断内化为自身的需求，实现由"自发发展状态"向"自觉发展状态"的转变。

第二，外化过程——行为实践。人们既在改造世界活动的基础上认识世界，又在认识世界活动的指导下改造世界；既在行的基础上去知，又在知的指导下去行。离开了行，人们就无法认识世界、获得真知；离开了知，人们就无法改造世界，只能盲目地行。行为对认知起到检验作用，并可巩固、强化原有认知或修正、调整原有认知。同时，行为能够使个体产生对某项活动的经验，每当个体做出一定的行为时，他总能不断地取得新的经验。高校应通过形式多样的实践对思想政治教育认识予以展现，发挥日常思想政治教育的作用，在实践中检验思想政治教育的效果。

第三，高校在开展思想政治教育的过程中，必须注重规律层面的探索，遵循"认知—内化—践行"的规律和步骤。

认知是开展思想政治教育的前提，是实现思想政治教育取得成效的基础。比如通过引导大学生对时代特征和基本国情的认识和把握，促进大学生认识社会主义建设取得的成效、面临的困难，引导大学生逐步认识到自己所肩负的社会责任和历史使命。这就是开展主题教育的基础、依据和起点。

内化是开展思想政治教育的关键，是教育活动取得实效的过程。通过对思想政治教育形成强烈的认同感，将思想政治教育不断内化为自身的需求，实现由"自发状态"向"自觉状态"的转变。比如组织优秀大学生先进事迹展，总有一些故事和做法可以打动参观者，从而在参观者心里唤起"见贤思齐"的原始心理诉求，这就到达了思想政治教育的中间环节，促发了被教育者开始行动的愿望。所以，科学设计思想政治教育环节、创新工作方法，从而更有效地激发学生的内心愿望是思想政治教育的关键。

践行是开展思想政治教育的归宿和落脚点。践行需要条件和载体，否则即使内心有愿望也只能停留在心理层面。因此，积极创造条件，搭建起大学生进行思想政治教育实践的舞台和机会，也是新时期思想政治教育工作的重要任务。

（二）思想需求促进规律

个体发展的内在力量是动机，动机是由各种不同的需求所构成的，包括生理需求、安全需求、社交需求、尊重需求以及自我实现需求等。人类需求的多元性使高校思想政治教育工作的使命在于协助大学生有意识地认辨自身的需求，以激发他们内在的成长动力，促使思想的不断发展。

在思想政治教育工作过程中，要特别注重教育内容的选择和教育环节的设计。对于中国特色社会主义理论体系、社会主义核心价值观、理想信念教育等方面的教育内容，要在教育的方法和载体上下功夫，要增强这些教育内容的吸引力和感染力，增加理论和思想的代入感、与学生的关联性，要使大学生认识到这些理论和思想的重要性，认识到与其学习生活的相关性，认识到其自身发展对这些理论和思想的需求性，从而激发主动学习的热情和动力。

二、高校思想政治教育工作的发展要素

（一）构筑科学的工作体系

高校思想政治教育工作是一个复杂系统，推动思想政治教育工作发展，必须科学设计思想政治工作体系，为此要做好两项前置性工作：一是树立"以学生为本"理念，科学规划思想政治工作体系；二是构建全员育人系统，完善合力育人机制。

第一，以人为本，做好思想政治教育工作体系设计。学校教育必须回归到关注人、维护人、发展人的逻辑起点，所有思想政治教育工作都必须以"人"即大学生的成长成才为出发点和落脚点。在规划高校思想政治

教育工作体系时，必须以学生为中心，围绕"目标—内容—平台—机制—项目—活动—成效"的路径来展开，为思想政治教育工作开展提供理念指引、路径设计和资源配置；要通过制定标准、开展评估、检查督促等方式，促进工作成效提升。

第二，"三全"育人，形成合力育人良好格局。高校具有五大功能：教书育人、科学研究、社会服务、对外交往、文化传承创新。每一项功能都非常重要，每一项功能实现都成为决定学校内涵建设成败的重要因素。虽然强调五大功能的实现最终目的是服务于人才培养目标的实现，但是在五大功能实现过程中，每一功能系统都有其自身边界和发展规律。与此同时，高校功能在日趋多元化、具体任务更加多样化的同时，相互之间的协作要求也日益增强，单一系统已经很难靠单打独斗来完成工作，五大功能系统之间日益呈现出整合和交叉的趋势。思想政治教育工作开展需要进一步调动各方面积极性，整合资源，实现合力育人，为此需要构建和实现全员、全方位、全过程育人。在实现"三全"育人的过程中，思想政治教育工作要自觉围绕和服从学校改革发展稳定的大局，围绕和服从教学、科研工作，找准定位，发挥优势，体现价值。

（二）探索新载体与新方法

结合当代大学生发展多元化、需求多样化、个体差异化的背景，提高思想政治教育的针对性和有效性，要进一步创新思想政治工作方法，推进"精细化、个性化、人性化"，为此，要着力从一、二、三课堂全面推进教育教学创新，探索思想政治教育的新载体、新空间、新方法，不断提高思想政治教育工作的针对性、亲和力和实效性。

1. 推动课堂教学改革

课堂是育人的主阵地、主渠道。当前，提升高校思想政治教育工作的效果的重点和难点之一是要提高课堂育人效果。必须纠正思想政治教育是辅导员和思想政治理论课教师的事的这种错误观点，必须让所有课程、所有教师都意识到自己肩负着教书育人的使命，各门课程、所有教师都要守好一段渠、种好责任田。为此，要大力推动"课程思想政治"改革。"课程思想政治"是推动第一课堂教学效果提升、构建全课程育人体系的有效办法。

2. 开展文化育人

高校思想政治教育工作要注重文化浸润、感染、熏陶，既要重视显性教育，也要重视潜移默化的隐性教育。中央对学校文化育人工作高度重视，要求进一步加强高校文化建设，用中华优秀传统文化、革命文化和社会主义先进文化教育人、感染人、熏陶人。其中，尤其强调要做好中华优秀传统文化传承发展工作，把中华优秀传统文化全方位融入思想道德教育、文化知识教育、艺术体育教育、社会实践教育等各个环节。

3. 开展实践育人

理论联系实际是我党的一项优良作风，在推动大学生思想政治教育发展提高的今天，应更加注重实践育人。要做好三项实践育人工作，包括创新创业实践、社会实践、志愿服务实践。在实践育人机制上，重点要做好"三个化"：常态化、基地化和品牌化。同时，大学生要积极参与各类社会实践，在亲身参与中认识国情、了解社会、受教育、长才干。思想政治教育只有融入服务学生成才的需求，才能赢得持续发展。思想政治教育工作者只有结合学生学习生活的实际，关心他们的实际需求和困难，才能使思想政治工作常做常新。为此，应当积极推动思想政治教育的多方融入：融入专业学习，融入道德成长，融入身心健康、职业发展与帮困助学服务过程。

4. 做好网络思想政治育人

在信息化时代背景下，网络新媒体充分显示着虚拟性、即时性、全民性、快捷性方面的特点和优势，因此抓好网络育人显得尤为重要。

（1）抓好网络新媒体平台建设，建设好"易班""大学生在线"等全国性思想政治教育网站，建设好高校主题教育网站，既要把握好宗旨和主题，发布权威信息，强化引导，又注重网站信息交互界面优化，增强网站的吸引力、可视性和亲近感。

（2）研究学生的网络生活状态和习惯，紧密跟随学生的信息聚落，争取做到"学生在哪里，辅导员在哪里"。

（3）开发和用好新的网络工具，建好微信、微博和其他新媒体平台，强化指导、引导和监管。在这个过程中，尤其要提高高校网络思想政治教育工作能力，建设一支政治素质好、业务能力强的网络思想政治教育工作队伍，不断提高他们开展网络思想政治教育的能力。

三、高校思想政治教育工作的可持续发展

可持续发展的概念由生态、环境保护领域最早提出，是既满足当代人的需求，又不对后代人需求构成危害的发展。人类既要达到发展经济的目的，又要保护好赖以生存的大气、淡水、海洋、土地和森林等自然资源和环境，使子孙后代能够永续发展和安居乐业。今天，在深入贯彻习近平新时代中国特色社会主义思想、推进"五位一体"总体布局实现的新阶段，无论什么行业、什么工作，都应当注意保持其可持续发展，高校学生思想政治教育也应可持续发展。

高校思想政治教育工作的可持续发展，应当从以下三个维度进行解读。

（一）意识与理念层面的可持续发展

在高等教育体系中，思想政治教育工作不仅是培养学生树立正确的世界观、人生观和价值观的关键环节，更是推动学校整体教育质量和水平提升的重要动力。随着时代的进步和社会的发展，高校思想政治教育工作面临着新的机遇和挑战。因此，必须注重思想政治教育工作的可持续发展，这既包括意识层面的可持续发展，也涵盖理念层面的可持续发展。

1. 意识层面的可持续发展

高校思想政治教育工作意识层面的可持续发展，体现在对思想政治教育工作重要性的深刻认识和持续强化上。高校应充分认识到思想政治教育工作在人才培养、文化传承、社会服务等方面的重要作用，应将其纳入学校整体发展战略，并给予足够的资源和支持。同时，要不断强化师生的思想政治教育工作意识，使师生都能够认识到思想政治教育工作的重要性，积极参与和支持思想政治工作。

高校思想政治教育工作意识层面的可持续发展还体现在对时代精神的敏锐把握和积极回应上。随着社会的快速发展和时代的变迁，高校思想政治教育工作必须紧跟时代步伐，及时把握时代精神，不断调整和优化工作思路和方法。高校要积极响应国家的战略部署和社会需求，将思想政治教育与社会主义核心价值观教育紧密结合起来，推动思想政治教育内容与时俱进。

2. 理念层面的可持续发展

高校思想政治教育工作理念层面的可持续发展，关键在于构建科学、系统、开放的思想政治工作理念体系。

（1）坚持以人为本的理念，尊重学生的主体地位和个性差异，关注学生的全面发展和长远需求。高校思想政治教育工作要紧紧围绕学生的成长成才，为学生提供全面、优质、个性化的教育服务。

（2）坚持开放包容的理念。高校思想政治教育工作要打破传统思维束缚，积极借鉴国内外先进的教育理念和经验，不断丰富和拓展思想政治教育工作的内容和形式。同时，要鼓励学生参与社会实践和志愿服务等活动，培养学生的社会责任感和公民意识。

（3）坚持创新发展的理念。高校思想政治教育工作要不断创新工作方法和手段，利用现代信息技术和大数据分析等技术手段提高工作的科学性和有效性。同时，要注重培养一支高素质的思想政治工作队伍，为思想政治教育工作的开展提供有力的人才保障。

（二）物质与制度层面的可持续发展

为确保高校学生思想政治教育持续、健康、稳定发展，必须深刻认识到物质资源与制度建设的重要性。这两者不仅是支撑思想政治教育工作有效运行的基础，更是推动其不断向前发展的核心动力。因此，在物质与制度层面实现可持续发展，对于高校思想政治教育工作而言，具有至关重要的意义。

1. 物质层面的可持续发展

物质资源的可持续提供，是高校思想政治教育工作得以顺利开展的必要条件。为实现这一目标，需要从以下两个方面着手：

（1）加强开源与节流。在开源方面，我们要广泛拓展思想政治教育资源，包括但不限于资金、场地、设备、人力资源以及政策氛围等。这需要思想政治教育者具备强烈的资源意识，在善于呼吁和争取各方资源的同时，也要善于整理和管理资源，确保资源能够得到充分利用和最大化发挥效益。在节流方面，要坚持节约原则，避免在思想政治教育过程中出现铺张浪费的现象。通过开源与节流的有机结合，可以为高校思想政治教育工作提供稳定、充足的物质保障。

（2）加强整合与提高效率。在市场经济条件下，高校思想政治教育工作者需要树立"成本和产出"意识，用最小的成本实现最大的收益。为此，要在日常思想政治教育中注重资源整合，提高资源利用效率。通过优化资源配置、创新工作方法等手段，使有限的资源能够发挥更大的效益，从而确保更多学生受益。

2. 制度层面的可持续发展

制度建设是确保高校思想政治教育工作长期、稳定、有效运行的重要保障。为实现制度层面的可持续发展，需要从以下方面着手：

（1）建立健全制度体系。一个健全的制度体系能够有效克服人为因素的干扰，确保思想政治教育规划的顺利实施。因此，要坚持以制度管人、以制度管物、以制度约束行为的原则，将思想政治教育纳入规范化、法治化的轨道。同时，要不断完善制度设计，加大制度执行力度，确保各项制度得到有效落实。

（2）以制度固化成果。在思想政治教育过程中，要形成一些好的做法和举措。这些做法和举措对于推动思想政治教育工作的发展具有重要意义。因此，要将这些好的做法和举措以制度的方式固定下来、传承下去。通过制度建设将优秀经验固化，可以确保思想政治教育工作长期保持比较良好的状态，为未来的发展奠定坚实的基础。

（三）个人发展层面的可持续发展

在探讨高校思想政治教育工作的可持续发展时，个人发展层面的可持续性不容忽视。个人发展不仅是思想政治教育工作的重要目标之一，更是推动整个工作体系不断前进的内生动力。因此，实现高校思想政治教育工作个人发展层面的可持续发展，对于提升思想政治教育工作的整体效能和长期影响力具有至关重要的意义。

高校思想政治教育工作个人发展层面的可持续发展，体现在对学生个体的全面培养上。这包括对学生的思想政治素质、道德品质、心理素质、文化素养等多方面的培养。通过系统的思想政治教育，引导学生树立正确的世界观、人生观和价值观，培养学生的社会责任感、创新精神和实践能力。同时，还要关注学生的个性化需求，尊重学生的主体地位，促进学生的全面发展。

为实现个人发展层面的可持续发展，高校思想政治教育工作需要不断深化教育内容和方法。这包括加强思想政治理论课的改革和创新，引入现代教学理念和手段，提高教育教学的针对性和实效性。同时，还要注重实践教学环节，通过组织社会实践、志愿服务等活动，让学生在实践中锻炼和成长。

高校思想政治教育工作应鼓励学生根据自己的兴趣和特长选择不同的发展路径。通过提供多样化的课程和活动，满足学生的个性化需求，促进学生的多元化发展。同时，还要加强对学生职业规划和就业指导的支持，帮助学生明确自己的职业目标和发展方向。

心理健康是个人发展的重要基础。高校思想政治教育工作应重视心理健康教育，通过开设心理健康课程、开展心理咨询和辅导等方式，帮助学生解决心理问题，提高心理素质。同时，还要注重培养学生的自我认知和自我调节能力，让学生能够更好地应对学习和生活中的挑战。

高校思想政治教育工作应努力营造良好的发展环境，包括学术氛围、文化氛围、人际环境等方面。通过举办学术讲座、文艺演出、体育比赛等活动，丰富校园文化生活，提高学生的文化素养和综合素质。同时，还要加强对学生社团和组织的引导和支持，让学生能够在参与活动的过程中锻炼自己的组织能力和领导能力。

实现高校思想政治教育工作个人发展层面的可持续发展，不仅有助于学生个体的全面发展和成长，更有助于提升整个思想政治教育工作的质量和效果。一名具有良好思想政治素质和道德品质的学生，不仅能够在未来的职业生涯中取得更好的成就，而且能够为社会作出更大的贡献。同时，一个注重个人发展层面可持续发展的高校思想政治教育工作体系，能够在不断变化的社会环境中保持活力和创造力，为培养更多优秀人才做出更大的贡献。

第四节　高校思想政治教育工作的守正创新意蕴

一、高校思想政治教育工作"守正"与"创新"的时代内涵

守正创新彰显了党的理论创新和实践创新的时代特征，是促进高校思想政治教育工作长足发展的重要维度，是紧扣新时代背景、紧扣党和国家各项事业发展的新课题和新要求。"守正创新"也是高校思想政治教育工作实现高质量发展的关键所在。深刻把握高校思想政治教育工作"守正"和"创新"的时代内涵，把握其辩证统一的关系，才能实现高校思想政治教育工作守正创新的发展目标。

（一）高校思想政治教育工作"守正"的时代内涵

"守正"作为高校思想政治教育工作的基石，其内涵深刻且时代价值显著。在历史的演进中，它不仅是事物发展的本质、规律的体现，更是对正道坚守的执着追求。在此语境下，"守正"意味着坚守正道，深刻把握事物的内在本质，遵循客观的发展规律。特别是在中国特色社会主义高校建设中，"守正"更显得至关重要，它要求高校必须坚定不移地立足中国大地，坚守中国立场，推动中国特色社会主义高等教育的繁荣发展。

具体来说，高校思想政治教育工作"守正"的内涵可以概括为以下四个方面：

首先，高校需坚定马克思主义的指导地位，确保其在新时代的征程中稳固不移。这意味着高校要继续以马克思主义及其中国化、时代化的科学理论为引领，为当代大学生提供坚实的科学思想和理论基础。

其次，高校要全面加强党的领导，确保党的教育方针在高校办学治校中得以全面贯彻落实。这要求高校不仅要在思想上坚定中国立场，更要在行动上坚持和发展中国特色社会主义高等教育事业，确保中国共产党的领导这一中国特色社会主义最本质的特征在高校各项工作中得到充分展现和贯彻。

再次，高校思想政治教育工作必须正确认识和科学把握基本规律。一方面，要深入贯彻习近平总书记在全国教育大会上提出的"九个坚持"，遵循我国教育发展的基本规律；另一方面，要紧密结合高校思想政治教育工作的实际，遵循其特有的基本规律，实现"三因三循一提高"的目标。

最后，高校思想政治教育工作要深入学习党的历史经验，以百年大党的思想政治工作历史经验为基石，正本清源，促进高校和谐稳定发展。这不仅有助于提升高校思想政治教育工作的质量和水平，更能让高校成为安定团结的模范之地，为实现中华民族伟大复兴的中国梦贡献力量。

（二）高校思想政治教育工作"创新"的时代内涵

在日新月异的时代背景下，创新成为推动一切事业持续发展的不竭动力。对于高校思想政治教育工作而言，创新同样扮演着至关重要的角色，它不仅是推动高校思想政治教育工作不断前行的源泉，更是引领其走向新时代的必然选择。

"创新"中的"创"指代的是具有明确意识和目的性的实践活动，它意味着主动的探索和积极的尝试，而"新"则是"创"的目标和追求，它指向的是对既有认知和实践的超越和突破，从而获取更为先进和科学的认识成果和实践经验。在"创新"的过程中，必须坚持以"守正"为基础，即在坚持正确方向的前提下，进行有益的探索和尝试。

具体到高校思想政治教育工作领域，创新的内涵主要体现在以下方面：

第一，内容创新。在新时代的征程中，高校思想政治教育工作应紧密结合习近平新时代中国特色社会主义思想这一具有鲜明时代特色和高度中国化的理论成果，将其作为武装师生的重要思想武器。同时，还需深入学习领会党的二十大精神，从中汲取创新动力，把握其中的新理念、新思想、新观点、新论断，不断丰富和拓展高校思想政治教育工作的内容体系。

第二，思路创新。高校思想政治教育工作应立足于当前高校自身发展的实际情况，坚持问题导向，通过精准把握和有效应对高校思想政治教育工作中的重点问题和难点问题，不断完善和改进高校思想政治教育工作体系。同时，应强化思想政治工作体系建设，确保高校思想政治教育工作能够发挥更大的作用。

第三，方法创新。在新时代背景下，高校思想政治教育工作应紧跟时代潮流，把握时代元素，积极推动数字化发展。具体而言，可以运用大数据等现代信息技术手段，结合"二次元"文化等新兴文化现象，采用新媒体新技术等多元化的管理、教学、服务方式，以优化内容、创新载体、加强服务为手段，不断提升高校思想政治教育工作的效率和质量。同时，还应加强高校思想政治理论课教育教学的感染力和影响力，推动高校服务育人的质量提升，从而推动高校思想政治教育工作在各方面的创新发展。

（三）高校思想政治教育工作"守正"与"创新"的辩证统一

在新时代的征途上，高校思想政治教育工作要实现守正与创新并行发展，就必须对"守正"与"创新"的辩证关系进行深刻剖析和准确把握。守正，是对既定原则和正确方向的坚守；创新，则是在这一基础上寻求突破和发展。两者既相互对立，又相互依存，共同构成了高校思想政治教育工作发展的动力源泉。

首先，要明确"守正"是"创新"的前提和基础。守正意味着坚守马克思主义的指导地位，坚持党对高校的全面领导，以及坚持立德树人的根本任务。这些原则和方向是高校思想政治教育工作创新的基石，只有在坚守这些原则和方向的基础上，创新才能有所依据，有所遵循。同时，守正也是对历史和传统的尊重，是继承和发展中华优秀传统文化的必然要求。

其次，守正并不意味着墨守成规、故步自封。创新是时代的要求，是发展的动力。高校思想政治教育工作要适应新时代的发展需求，就必须在守正的基础上勇于创新。创新包括内容的创新、方法的创新以及思路的创新。在内容上，要紧密结合时代特点，将习近平新时代中国特色社会主义思想等最新理论成果融入教学，使教学内容更加贴近实际、贴近生活、贴近学生。在方法上，要运用新媒体、大数据等现代科技手段，提升教学效果，使思想政治工作更具时代感和吸引力。在思路上，要坚持问题导向，针对当前高校思想政治教育工作面临的新情况、新问题，提出切实可行的解决方案，推动工作不断向前发展。

最后，"守正"与"创新"的辩证统一，不仅体现在对原则和方向的坚守与突破上，更体现在对事物发展规律的遵循与运用上。唯物主义认为，事物的发展有其自身的规律，只有遵循规律才能实现真正的创新。高校思想政治教育工作要实现守正创新，就必须深入研究当前高校师生的思想状况、行为特点以及社会发展的新趋势，准确把握事物发展的规律，以科学的态度和方法推动工作创新。

高校思想政治教育工作守正创新的发展，也是对中国共产党百年来以思想政治工作为"生命线"开展各项工作的优良作风的继承和延续。党的百年思想政治工作的历史经验告诉我们，只有坚持继承与发展相统一、一脉相承和与时俱进相统一、"守正"与"创新"共同推进的工作作风，才能确保思想政治工作的正确方向和良好效果。因此，高校思想政治教育工作要在"守正"中"创新"，在"创新"中"守正"，不断推动工作向前发展。

　　"守正"与"创新"是高校思想政治教育工作发展的两个重要方面，两者相互依存、相互促进。只有在坚守正确原则和方向的基础上勇于创新，才能推动高校思想政治教育工作不断向前发展，为培养德智体美劳全面发展的社会主义建设者和接班人提供有力保障。

二、高校思想政治教育工作守正创新的理论意义

　　高校思想政治教育工作守正创新的理论意义，不仅在于其作为制约和引领高校思想政治教育工作理论与实践发展的核心议题，更在于其深度契合了新时代背景下中国特色社会主义的理论发展需求。随着中国特色社会主义进入新时代，高校思想政治教育工作也随之迎来了守正创新的重要历史时期，这一时期不仅催生了新的理论问题，也为相关理论的丰富和发展提供了契机。

（一）有助于发展马克思主义思想政治教育学理论

　　高校思想政治教育工作守正创新的发展，是对马克思主义思想政治教育理论的深刻继承与创造性发展。在"守正"的过程中，坚持马克思主义的基本原理，坚持党的全面领导，坚守中国特色社会主义的正确方向；而在"创新"的过程中，我们不断探索"培养什么人""如何培养人""为谁培养人"等根本问题，形成了新的理论认识和实践经验。特别是习近平总书记关于高校思想政治教育工作的重要论述，为马克思主义思想政治教育

理论注入了新的活力，使其在新时代焕发出新的生机。

理论的生命力在于不断创新。守正创新的发展，要求我们以科学的态度追求真理，既要坚守马克思主义的基本原理，又要根据时代的发展和实践的变化不断推动理论创新。高校作为马克思主义理论教育的主阵地，应当肩负起继承和发展马克思主义的重要使命，通过加强马克思主义理论学科建设，为高校思想政治教育工作提供坚实的学术支撑和人才保障。

（二）有助于推动高校思想政治教育学理论体系构建

高校思想政治教育工作坚持守正创新发展，有助于在实践中加强对新形势、新矛盾、新问题的研究，从而推动新时代高校思想政治教育理论体系构建。思想政治教育学理论体系包括思想政治教育学理论基础、研究对象、基本范畴、功能等，还包括思想政治教育的目的、任务、内容和原则等。立足于新的历史方位，高校思想政治教育理论体系也应伴随全面建设社会主义现代化国家新征程的新要求，壮大和丰富符合当前我国社会发展的理论体系。守正创新发展，要善于根据新时代高校思想政治教育工作的实践发展不断丰富和完善理论。

第一，守正创新发展不仅可以全面认识和把握思想政治教育的历史进程，总结并借鉴其历史经验，也通过当前社会发展的变化不断被充实和完善。思想政治教育也是历史的产物，其理论体系必然也会随着人类社会的发展变化而不断发展。

第二，随着思想政治教育学理论研究的不断丰富发展，也会带动思想政治教育研究领域的扩大和研究分支的增多。例如思想政治教育方法论、心理学、管理学等，都会丰富和发展高校思想政治教育理论体系。

第三，在全面建设社会主义现代化进程中，高校思想政治教育工作的守正创新可以从党的思想政治教育丰富的历史进程中总结经验，探寻规律，进而建设具有中国特色的思想政治教育学理论体系。

三、高校思想政治教育工作守正创新的实践意义

实践是理论之源，实践是把理论和实际联系起来的现实纽带，也正是实践，才能完成检验真理的任务。纵观百年来我们党带领人民取得的许多历史性成就和变革，都是从理论创新指导实践创新的伟大跨越。就实践而言，高校思想政治教育工作从根本上讲是一个教育教学实践活动。同样，高校思想政治教育工作的守正创新发展也具有实践性，这意味着要重视新时代党的创新理论在思想政治教育实践中的创造性转化和运用。

（一）有利于发展我国高等教育事业

守正创新作为我国高等教育事业发展的重要驱动力，其在促进高校全面适应现代化发展新要求、新任务方面扮演着不可或缺的角色。

首先，思想政治教育工作的守正创新发展，有助于高校深刻理解和把握现代化发展的核心要素，明确自身在现代化进程中的定位和责任。通过不断创新工作思路和方法，高校能够更好地适应社会发展的新变化，积极回应时代的新要求，为培养具有现代化素养的人才提供有力保障。

其次，推动思想政治教育工作守正创新发展，对于处理好继承传统与改革创新之间的关系具有至关重要的意义。在继承优良传统的基础上，高校需要不断吸收新的思想、理念和方法，推动思想政治工作的创新发展。创新发展有助于高校在新的时代背景下形成先锋模范作用，引领社会文化、风气向上发展。同时，这种发展模式也有助于高校在继承优良传统的同时，不断挖掘和激发自身的创造力和创新精神，为高等教育事业的发展注入新的活力。

最后，在国际竞争与合作中，守正创新的发展模式同样具有重要意义。在全球化的背景下，高校作为国际交流与合作的重要平台，需要不断提高自身的国际竞争力和影响力。通过思想政治教育工作的守正创新发展，高校可以激活自身的创造性和创新性，加快对关键领域和核心技术的研究和应用，积累发展优势。同时，这种发展模式也有助于高校积极参与

国际事务合作，与国际同行进行深度交流和合作，共同推动全球教育事业的进步。在此过程中，我国高校可以充分展示出自身的先进性和引领性，为世界提供中国方案和中国智慧，为全球教育事业的发展贡献中国力量。

（二）有利于高校更好地落实立德树人的根本任务

随着时代的进步和教育理念的更新，高校立德树人的根本任务的落实愈发凸显重要性。守正创新作为推动高等教育事业发展的重要动力，不仅契合了时代的呼唤，更是高校立德树人这一根本任务得以有效实施的关键所在。在学术视角下，守正创新对高校立德树人的引领作用及其实践路径，值得深入探讨。

高校立德树人的实践，是一项系统工程，需要长期而稳定的推进。守正创新在这一过程中，扮演着引领和深化的角色。

在立德树人的全局性视角下，守正创新要求高校思想政治教育工作在明确职责、规范过程、保障落实等方面发挥重要作用。具体而言，高校思想政治教育工作应明确自身在立德树人中的定位，规范工作流程，确保各项任务得到有效落实。同时，守正创新还要求高校思想政治教育工作能够不断优化内容体系，为立德树人提供更为丰富、更为科学的理论支持和实践指导。

首先，守正创新要求高校在思想政治教育工作上既坚持传统的、优秀的教育理念，又能够与时俱进，吸收新的思想和方法，以推动思想政治教育工作的创新发展。这种发展模式不仅有利于高校在立德树人实践中保持正确的方向，还能够为立德树人注入新的活力，推动其不断向前发展。

其次，守正创新要求高校思想政治教育工作在整合育人资源、拓展育人路径上发挥更大作用。高校应充分利用各种资源，包括校内外的教育资源、实践资源等，为学生提供更为广阔的学习和实践平台。同时，高校还应积极探索新的育人路径，如校企合作、产学研结合等，以提高学生的实践能力和创新精神。

最后，守正创新还要求高校在自身队伍建设上加大投入。高校应重视思想政治教育工作队伍的建设，通过分类教育、专业培训等方式，提高思想政治教育工作者的专业素养和综合能力。同时，高校还应加强思想政治教育工作与其他学科之间的交叉融合，形成合力育人的良好局面。

（三）有利于培养能担当民族复兴大任的时代新人

在当今社会，大学生作为一股充满活力和创新精神的青春力量，不仅在社会公民群体中占据重要地位，更是中国共产党后备力量的重要源泉。他们承载着青春与梦想，是未来推动中国特色社会主义事业不断前进的关键力量。在这一背景下，高校思想政治教育工作坚持守正创新的原则，显得尤为重要，它对于培养符合新时代发展要求、能够担当民族复兴大任的时代新人具有不可替代的价值。

第一，明确高校思想政治教育工作守正创新发展的核心目标，即在新时代背景下培养出具备高度责任感和使命感的时代新人。思想政治教育工作作为高校人才培养体系中的关键环节，承担着引领大学生树立正确世界观、人生观和价值观的重要任务。其中，思想政治理论课程作为大学生的必修课程，是传播党的理论创新成果、引导大学生深入理解党的方针政策和基本路线的重要途径。通过守正创新，我们可以将党的理论创新成果及时融入教材、课堂之中，使大学生能够准确把握时代脉搏，增强对党的理论武装的认同感和归属感。

第二，守正创新要求高校思想政治教育工作在传承优良传统的基础上，不断探索和创新"培养人"的方法和路径。在新时代背景下，社会对人才的需求发生了深刻变化，对大学生的综合素质提出了更高要求。因此，高校思想政治教育工作需要紧密结合时代需求，创新教育方式和方法，注重培养大学生的实践能力、创新精神和团队协作能力。通过开展丰富多彩的社会实践、科技创新、校园文化活动等形式，为大学生提供广阔的实践平台，促进其全面发展。

在具体实践中，守正创新要求高校思想政治教育工作在多个方面发挥关键作用。一是加强理想信念教育，引导大学生坚定共产主义远大理想和中国特色社会主义共同理想；二是加强爱国主义教育，培养大学生的民族自豪感和爱国情怀；三是加强道德品质教育，引导大学生树立正确的道德观念和行为准则；四是加强心理健康教育，关注大学生的心理健康状况，促进其健康成长。

通过守正创新的高校思想政治教育工作，可以更好地塑造大学生的健全人格，切实提高他们的思想政治素质和实践能力。这不仅能够为党和国家的事业发展提供源源不断的人才支持，更能够培养出能够担当民族复兴大任的时代新人，为实现中华民族伟大复兴的中国梦贡献青春力量。

第二章 新时代高校思想政治教育工作的核心内容

第一节 大学生爱国主义教育

一、爱国主义教育的内涵

新时代爱国主义教育是在创新继承爱国主义教育历史和传统的基础之上，培养既能担当历史重任也能完成时代新任的建设者和接班人。[1]新时代爱国主义教育要以社会各界别、各层次、各年龄的公民为对象制定出具有差异性的教育侧重点和策略。针对普通群众进行思想政治教育时，要把爱国主义教育渗透到人们日常生活的方方面面，在不知不觉中对人们进行影响；针对青少年进行思想政治教育时，要把党和国家的方针政策牢牢地落实下去，与新时代大学生发展成才的特征和需要紧密地联系起来，要牢固树立爱国主义信念，树立崇高的爱国主义理想，不断锤炼自己的爱国主义精神，引导新时代的大学生勇于承担振兴民族的历史重任，进而积极地参与到中国特色社会主义事业中去。

新时代爱国主义教育的基本内容是：深入开展中国特色社会主义和中国梦教育；深入开展国情教育和形势政策教育；大力弘扬民族精神和时代精神；广泛开展党史、国史、改革开放史教育；传承和弘扬中华优秀传

---

[1] 刘籽婧，赵善庆.新时代大学生爱国主义教育的多重内涵新解 [J].佳木斯大学社会科学学报，2021，39（05）：83.

统文化；强化祖国统一和民族团结进步教育；加强国家安全教育和国防教育。

要想更好地了解新时代爱国主义教育的重要理论，提升新时代大学生爱国主义教育的教学效果，就一定要以新时代大学生爱国主义教育的现实状况为依据，对其基本原理进行分析，并采取相应的对策。

二、大学生爱国主义教育的主要原则

（一）历史性与现实性相统一

中国五千多年来所积累的辉煌文化与丰富的历史资源，既是中国在新时代的发展所具有的独特优势，又是新时代高校对大学生进行爱国主义教育的一个重要突破口。相关教育部门要以爱国主义为核心加强对新时代大学生的爱国主义教育，要深入发掘爱国主义精神，在新时代大学生中广泛地进行历史教育，特别是中国革命史的教育，要从历史的角度对新时代大学生进行深刻的指导，使新时代大学生对马克思主义、中国共产党、社会主义道路和改革开放有深刻的理解。中国革命精神内涵丰富，经久不衰，它为中国共产党带领全国人民实现民族独立和人民解放提供了强大的精神支柱，它对当代大学生在新时代的"长征"道路上走得更远、培育和弘扬爱国主义精神等方面都有着十分重大的现实意义。在新的历史时期，对中国革命精神进行传承与传播，将有助于加强新时代大学生对国家的价值认同，对建立和培养新时代大学生的社会主义与共产主义的理想信念起着十分重要的作用。

对新时代的大学生进行爱国主义教育，要重视现实教育，要与时政紧密结合，让新时代大学生能够在意识到国家目前发展的新的历史方位、社会主要矛盾的变化、国际形势的急剧变化及因此给国家所带来的种种影响之后，找出自己在目前的特殊历史时期的奋斗目标，让新时代的大学生在面临挑战和考验的时候，可以始终保持清醒，并做到合理应对。比如，可以通过暑期社会调查和社会实践活动，让新时代的大学生们通过实地考察、亲身体验，对国家各个领域的进步与发展有一个总体的了解，尤其是对改革开放以来所取得的伟大成就、对社会主义制度具有的巨大优势、对中国特色社会主义道路的正确无误有一个深刻的认识，从而进一步提高新时代大学生的"四个自信"。

（二）民族性与世界性相统一

在新时代对大学生进行爱国主义教育，要从自己的民族文化出发，增强新时代大学生对自己民族的认同感，激发他们的爱国热情。研究爱国主义教育的民族性，必须与中华民族发展史和奋斗史相结合。自古以来，爱国主义就一直是中华民族的优良传统。在新时代，要保持并弘扬爱国主义的民族性：首先，要注重继承和发展自己的母语，进而增强新时代大学生对本民族的文化自信感，增强对国家的归属感；其次，要大力传承和弘扬优秀的传统文化和民族文化，用以增强新时代大学生对国家历史文化的了解；最后，要不断增强对新时代大学生社会主义核心价值观的培养，促进新时代大学生树立正确的价值观念和伟大志向，要将课堂理论与生活实践充分结合起来，引导新时代大学生在实践中感受中华民族发展与奋斗的不易，增强他们对国家的理解和尊重。在进行新时代爱国主义教育过程中，要深入挖掘具有中华民族文化特色的因素，引导新时代的大学生正确地理解自己祖国的历史文化。

爱国精神的世界性，既表现在对他国文化的尊重，也表现在激励各国人民为创造一个更加和谐、更加值得尊敬的世界而努力。在全球化不断深入推进的今天，各国文化之间进行交流与借鉴，寻求合作与共赢，已经形成了一道势不可挡的"洪流"。

（三）显性教育与隐性教育相统一

显性教育是一种基于社会文化和社会价值观的教育模式，它旨在促进学生的全面发展，提升学生的综合素质和能力，使学生能够适应社会的发展。显性教育既重视学生的文化知识、社会技能和职业道德，也重视对他们的创新能力、批判性思维能力和团队协作能力等方面的培养。

新时代的大学生们具有头脑灵活、思想开放的特点，传统的"灌输"教学很难取得好的教育效果，容易造成教学枯燥的现象，要想让课堂变得有趣，就必须在教学方式上进行革新，坚持科教结合。

例如，可以在学校的一些活动中引进爱国主义的影片，从中提取有用的资讯并与学生的爱好相结合，这样可以起到很好的教育作用；通过放映爱国主义影片和纪录片、举办话剧比赛等，引领校园潮流，用榜样的崇高理想和榜样的行动给新时代大学生们的成长提供一种精神"钙"，使他们与榜样产生共鸣，进而更好地激发他们的爱国主义情怀和社会责任感；教师也可以根据学生的所见所闻，结合生活实际和学生们的兴趣爱好，在课堂上向学生提出一些启发式的问题，让学生们带着这些问题走出教室，由此可以将新时代大学生的主观能动性充分地发挥出来，让新时代大学生在寻求答案的过程中，主动查询资料，彼此之间相互合作从而进行深入的探讨，在接下来的课堂中，可以将自己的学习感悟和结果展现出来，其表现方式可以一改以往的作业形式，采用一种新颖、开放的表现方式。

通过这些方式，使新时代爱国主义教育有别于以往单一枯燥的方式，以一种更加灵活生动的方式来进行传播。通过将爱国主义教育融入线下课程，实现了知识输入与输出的有机结合。这种方法可以深入学生的大脑，能够起到更好的教育作用。

隐性教育是指一种通过思想观念、价值观、信仰和行为习惯等形式来影响受教育者的方式，其特点是潜移默化，不会让新时代大学生感到厌烦。在非教学期间，高校可以在建军节、国庆节等节日给新时代大学生们发放空白日历，鼓励高校大学生们自制日历，既可以让新时代大学生们了解中国传统文化，也可以让新时代大学生们对我国节日有更深一步的了解和认知，同时，高校可以在平台上举行评比，选出大家觉得好看有趣的日历，给予奖励，这能够大大增强新时代高校大学生们的制作热情，还能在潜移默化中增强对国家历史文化的认知。

三、大学生爱国主义教育的重要策略

（一）充实新时代大学生爱国主义教育内容

高校在课堂上要充实爱国主义教育内容。在教学过程中，应围绕爱国主义这个核心，着重强调国家历史和民族精神并添加与时代紧密相关的内容，将中国的优秀传统文化以及新时代大学生所关心的时事、热点新闻等融入教材，用以吸引新时代大学生的注意力，以此激发他们的爱国热情，使他们在感性思维作用下，沉浸式地学习国史、党史和改革开放史，这样不仅能让更多的新时代大学生参与到爱国主义的教育，还能让他们更好地感受到爱国主义的力量，增强他们对历史的敬意和对祖国的忠诚度。与此同时，中华民族共同体意识的培养也是丰富爱国主义教育内容的一个重要方面，新时代要通过多种方式对大学生开展全方位的有关民族理论、民族政策等方面的教育，让各民族的大学生树立起正确的历史观、民族观、国家观，铸牢中华民族共同体意识，增强新时代大学生对中国共产党和中国特色社会主义制度的认同感，使新时代的大学生实现从认知到情感的内化、由情感向行为外化的目标。

（二）拓展新时代大学生爱国主义教育载体

社会上的各种资源中都蕴藏着非常丰富的爱国主义教育内容，要唱响互联网主旋律，在新的时代背景下，让爱国主义教育基地焕发出新的活力，使其对新时代的大学生起到更好的教育作用，充分发挥网络载体和物质载体的教育效果。

网络是进行爱国主义教育的重要载体。应当积极推动新闻媒体宣传那些为国家做出杰出贡献的英雄模范的先进事迹。这些英雄楷模虽然经历和事迹各异，但他们共同拥有的榜样精神和爱国主义情感能够为公众树立良好的榜样，特别是对新时代的大学生，能够起到积极的引导作用，激励他们奋发进取。

建立互联网上的爱国主义教育阵地至关重要。这需要以新时代大学生的情感需求为基础，为他们提供能够引起情感共鸣的网络信息，从而增强他们对爱国主义教育内容的学习和宣传。例如，可以利用微信、微博等社交平台，或是开发专门针对大学生的应用程序，将富有趣味性的图片和短视频与爱国主义教育内容相结合，以吸引新时代大学生的注意力，并激发他们的学习兴趣。

建立专门的爱国主义教育知识学习网站也是一个有效的策略。通过该平台，可以系统地学习"四史"知识，即党史、新中国史、改革开放史、社会主义发展史，帮助新时代的大学生更深刻地理解爱国主义的内涵，并体会革命先辈艰苦奋斗的伟大精神。

爱国主义教育基地是进行爱国主义教育的主要场所，新时代，相关部门和高校应充分利用爱国主义教育基地文物资源对大学生进行爱国主义教育，使爱国主义教育基地发挥出更大的作用。政府要加大对重要设施的建设力度和资金投入，为培育新时代大学生爱国主义情怀创造良好的条件。爱国主义教育基地在展示方式上要有所转变，设计时要融入地区特色使其主题更加鲜明、内涵更加丰富。重点强化爱国主义教育基地中红色基因的构建，将红色基因与新时代紧密相连，使教育方式焕发出新的活力。除此之外，还要加强爱国主义教育基地的队伍建设，如果仅仅依靠爱国主义教育基地本身是很难达到教育目的的，要想最大程度地发挥爱国主义教育基地的功能，相关部门和高校应加大对人才的培育力度，为爱国主义教育基地配备具有高文化素养的讲解员和宣传员，通过生动的讲解和宣传提升新时代大学生的学习兴趣。

（三）拓展新时代大学生爱国主义教育方法

新时代，要有针对性地对大学生开展爱国主义教育，注重新时代大学生的个性化需求，充分发挥家庭、校园与社会的联动性，让三者产生合力。

联动教育法是指以高校为主体，以家庭为核心，以社会为平台形成教育联动机制，共同对新时代大学生进行爱国主义教育。首先，应充分利用好"思政课程"这一主要阵地，坚守根基，继承发扬和不断创新；其次，各级政府及社会教育工作者要定期深入社区进行爱国主义教育的理论宣传，帮助人们加强对中国及国际形势和新时代的世情、国情、党情、社情有一个准确的、科学的了解，这样才能在潜移默化中引导新时代的大学生养成积极进取、开放包容、理性平和的优良品质和爱国情怀；最后，将社会作为新时代大学生爱国主义教育知行合一的实践场所的作用充分发挥出来。在新时代，高校应该充分利用大学生志愿服务、基层锻炼等形式，让新时代大学生在实践中感受吃苦耐劳的敬业精神，使新时代大学生能够有效地将课本上的知识、对国家情况的正确认知与爱国实践有机结合起来。

个性化教育法是指针对性格爱好不同的大学生群体采取的爱国主义教育方法。灵活运用短视频智能推荐功能，针对新时代大学生不同的兴趣爱好，推荐相匹配的爱国主义教育内容。在开展爱国主义教育活动时，以多样化为原则，针对新时代大学生群体中存在的差异，展开有针对性的指导，让他们拥有更多的选择空间，以满足新时代大学生对爱国主义教育的需求。

（四）营造良好的新时代大学生爱国主义教育环境

新时代大学生爱国主义教育不能离开环境的支持。它不仅需要社会和学校氛围的支持，还需要家庭和网络氛围的支持。为此，要在这四个方面营造良好的爱国主义教育环境，为增强大学生爱国主义教育成效提供有力支撑。

影响新时代大学生爱国主义教育效能的社会环境是复杂多变的，为此，必须采取切实的对策来克服影响爱国主义教育发展的种种障碍。

加强对新时代爱国主义教育的监督管理，将新时代爱国主义教育体系构建完善，同时要加强对各级各类学校的管理，制定科学合理的评价标准，对新时代的爱国主义教育活动进行规范化管理，为营造良好的爱国主义教育环境而努力。

第二节　大学生理想信念教育

一、理想信念教育的本质

理想是主体对真、善、美最完美的、没有任何缺陷的想象和自觉追求，理想信念教育是学校思想政治教育的核心和主题。[1]加强和改进大学生思想政治教育的主要任务是以理想信念教育为核心，深入开展树立正确的世界观、人生观和价值观教育；以爱国主义教育为重点，深入进行弘扬和培育民族精神教育；以基本道德规范为基础，深入进行公民道德教育；以大学生全面发展为目标，深入进行素质教育。由此可以看出，理想信念教育居于大学生思想政治教育工作的首位，具有核心的地位和"灵魂"的作用。

（一）理想信念教育是信仰教育的核心

信仰对于一个人的成长起着重要的作用。理想信念教育对任何人都很重要，对大学生而言还有特殊重要的意义，理想信念教育是信仰教育的核心。在高等学校加强理想信念教育是时代的要求，在新的历史时期，必须要有青年大学生的参与，只有赢得青年，才能赢得未来。理想信念教育是大学生基本价值观的重要组成部分。青年是祖国的未来，国家的命运总要掌握在他们手中。

理想信念教育是我国教育的光荣传统。我国理想信念教育始终未曾中断。理想信念教育只有做到主观与客观相一致，认识与实际相结合，才能起到积极作用，收到较好成效。理想信念教育的定位要得当，既要符合社会经济、政治、文化等发展的实际情况，也要符合人们的思想实际。

---

[1] 何淑贞.学生理想信念教育探析[J].教师博览（科研版），2013（2）：5.

1. 个人理想与社会理想教育

个人理想是个体在对现实生活各个方面奋斗目标的向往和追求中，表现出来的具有积极意义的价值选择和创造精神，主要包括道德理想、生活理想和职业理想。社会理想是指人们对于未来社会制度和政治结构的要求和设想，是一定的阶级或集团的利益和愿望的集中表现，反映这些阶级或集团对"最完善、最美好"的社会制度和社会结构的追求。两者是辩证统一的关系。个人理想受社会理想制约，而社会理想又根植于个人理想之中。离开了社会理想，个人理想就可能偏离方向；而没有个人理想，也就无所谓社会理想。因此，两者不能偏废，过分强调哪一方面，都可能出现误差。

理想作为人类特有的精神现象，深深植根于人的需要之中，而人的需要又总是从最基本的物质生活条件开始，逐步升华。所以，人的理想必然是从生活理想开始，逐步展开、升华，最后达到个人理想与社会理想的完美统一。可以说，没有远大的个人理想，就没有远大的社会理想。正是从这点出发，理想教育应从承认、确立个人理想入手，鼓励学生为实现个人理想而奋斗，充分调动广大学生的热情和积极性。

鼓励学生为实现个人理想而奋斗，关键是帮助学生树立怎样的个人理想。要教育学生把个人理想与社会理想统一起来，这不仅有助于个人发展，也是社会和谐与进步的基石。同时，对不损害他人利益和集体利益的个人理想，社会应该予以尊重并为其创造实现的条件，在实现的过程中努力实现个人价值与社会价值的有机结合。

在这里，要处理好个人理想与社会理想教育的关系问题。要在帮助学生树立正确的个人理想和为实现个人理想而奋斗的过程中，树立起社会理想，并达到个人理想与社会理想的完美统一。

2. 共同理想教育与共产主义理想教育

共同理想指的是作为社会共同意识的理想，它立足于现实国情，高于现实，并符合社会发展的客观规律。对于我国来说，建设中国特色社会主义，把我国建设成为富强、民主、文明、和谐、美丽的社会主义现代化强国，就是我国各族人民在社会主义阶段的共同理想。

这种一致性构成了共同理想教育的合理性和必要性。

共同理想不仅是共产主义理想的基础，而且是实现共产主义理想的必经阶段。共产主义理想的实现是一个长期而复杂的过程，涉及多个阶段和目标。共同理想代表了在特定历史条件下，人民为实现共产主义所必须经历的特定阶段和目标。没有这些阶段性任务的完成，共产主义理想的实现就无从谈起。因此，共同理想教育对于培养学生的长远目标意识和阶段性任务意识具有重要意义。

此外，共同理想因其与国家建设和人民福祉的紧密联系，更易于为广大学生所接受。它对于激发全国人民共同建设社会主义的热情具有重要作用。对于那些对人生价值有不同认识的学生，只要他们怀有对祖国和人民的热爱，共同理想就能发挥其感召力和凝聚力，促使他们在不同程度上接受并为之努力。

在社会理想教育中，确立共同理想并不意味着排斥共产主义理想教育。共产主义理想以其揭示社会发展的必然趋势和真理性，对于引导学生树立正确的世界观和人生观具有不可替代的作用。因此，在积极引导学生树立共同理想的基础上，还应努力培养他们对共产主义理想的认同，并从中培养出坚定的共产主义者。

强调共同理想教育的意义，在于突出理想教育的层次性和针对性。对于大学生而言，教育的重点应当放在共同理想上，使他们能够将个人理想与国家建设紧密结合，立志于国家建设与发展，脚踏实地地投身于事业之中。通过这样的教育，可以有效地激发学生的爱国热情和责任感，为国家的长远发展培养出有理想、有担当的新一代。

（二）理想信念教育是大学生思想政治教育的灵魂

在探讨大学生思想政治教育的核心内容时，理想信念教育无疑占据了举足轻重的地位。它不仅为大学生的精神世界提供了明确的指引，更在道德修养和文化教育中扮演着至关重要的角色。

1. 道德修养的基础

道德修养，作为个人品质的核心组成部分，它的形成与个体的理想信念密切相关。理想信念作为个人对于未来和目标的追求与信仰，深刻地影响着个体的道德判断和行为选择。

（1）理想信念为个体提供了道德行为的准则。在理想信念的指引下，个体会根据这些准则来规范自己的行为，确保自己的行为符合道德规范。这种规范作用不仅体现在个体的日常生活中，更在关键时刻发挥着关键作用，使个体能够在面临道德抉择时做出正确的选择。

（2）理想信念能够激发个体的道德情感。在追求理想信念的过程中，个体会对美好的道德品质和崇高的道德行为产生强烈的向往和追求。这种向往和追求会转化为个体内在的道德情感，使个体在道德行为中体验到满足和愉悦，从而进一步增强其道德修养。

（3）理想信念能够提升个体的道德境界。在理想信念的指引下，个体会不断追求更高的道德目标，努力提升自己的道德境界。这种追求和提升不仅使个体在道德修养上达到更高的水平，更能够为社会树立良好的道德风尚，推动社会道德水平的提升。

2. 赋予文化教育价值与意义

文化教育作为大学生思想政治教育的重要内容，其价值和意义在很大程度上取决于个体的理性信念。理性信念是指个体在理性思考和价值判断的基础上形成的对于世界和人生的信仰和追求。它能够为文化教育提供坚实的价值支撑和深刻的内涵。

（1）理性信念为文化教育提供了价值导向。在理性信念的指引下，个体会根据自己的价值判断和道德观念来审视和评估文化教育的内容。这种价值导向不仅使文化教育更加符合个体的需求和期望，还能够引导个体在接受文化教育的过程中形成正确的价值观和世界观。

（2）理性信念为文化教育提供了深刻的内涵。在理性信念的支撑下，个体能够更加深入地理解和领悟文化教育的内涵和精髓。这种理解和领悟不仅使个体在文化教育中获得更多的知识和智慧，还能够激发其对文化教育的热爱和追求，从而推动文化教育的深入发展。

（3）理性信念能够促进文化教育的创新和发展。在理性信念的指引下，个体会根据自己的思考和判断来探索和创新文化教育的内容和形式。这种创新和发展不仅使文化教育更加符合时代的需求和变化，还能够推动文化教育的多元化和个性化发展，满足不同个体的需求和期望。

二、加强大学生理想信念教育，促进协同发展

（一）日常生活与理想信念培育的协同发展

1. 理想信念教育对日常生活的提升作用

理想信念教育不仅仅是一种精神层面的教育，它对大学生的日常生活同样具有显著的提升作用。首先，理想信念教育能够引导大学生树立正确的世界观、人生观和价值观，使他们在面对复杂多变的社会环境时能够保持清醒的头脑和坚定的立场。其次，理想信念教育能够激发大学生的内在动力，鼓励他们积极投身于学习和实践中，不断提升自己的综合素质和能力。最后，理想信念教育能够增强大学生的社会责任感和历史使命感，使他们更加关注国家和人民的利益，为实现中华民族伟大复兴的中国梦贡献自己的力量。

2. 理想信念教育融入日常生活的路径

（1）注重渗透于日常生活中的隐性教育。隐性教育是一种潜移默化的教育方式，它通过日常生活中的点滴细节来传递教育理念和价值观。在理想信念教育中，应该注重隐性教育的运用，将理想信念教育融入大学生的日常生活。例如，在校园文化建设中注重弘扬社会主义核心价值观和中华优秀传统文化，通过举办各类文化活动和学术讲座来传播正能量；在寝室文化建设中强调团结友爱、互助进步的精神，通过营造温馨和谐的寝室氛围来增强大学生的归属感和集体荣誉感；在日常生活用品的设计和使用中融入理想信念元素，让大学生在无形中接受理想信念的熏陶和感染。

（2）加强融汇于日常生活中的实践教育。实践教育是理想信念教育的重要组成部分，它通过将理论知识与实际应用相结合来加深大学生对理想信念的理解和认同。在日常生活中，应该加强实践教育的开展，让大学生在亲身参与中感受到理想信念的力量和价值。例如，组织大学生参与志愿服务活动和社会实践活动，让他们在服务他人、奉献社会的过程中体验到奉献和付出的快乐；开展主题党日活动和团日活动，让大学生在集体活动中增强党性教育；鼓励大学生参加各类竞赛和科研项目，让他们在学术研究和科技创新中提升自己的能力和素质。

（二）美育课程建设与理想信念培育的协同发展

1. 美育课程建设的内容

在深化高等教育改革的时代背景下，受教育者获得了学校提供的更自由的学习空间和更开放的学习氛围，主要表现在学生拥有了更大的自由来选择学习内容的时间和空间。同时，得益于现代信息化社会的迅猛发展，学生也会充分利用各种途径来挖掘美育信息以适应大众文化的冲击。因此，审美教育若想实现长远发展目标，就必须在坚定审美教育目标的方向下，尽快完善自身的教育内容以满足大学生不断变化的审美需求。

在当前教育领域，美育工作者正致力于探索创新的教学策略，以适应时代的发展和理想人格的塑造。同时，在高等教育理论研究与实践方面进行了很多大胆的创新尝试。这些重大举措在提升当代大学生的综合素养，推动美育工作的健康、和谐、可持续发展以及适应素质教育方面发挥了重要作用。

（1）审美认知教育。所谓审美认知，由感知、判断、推测和评价等几项审美心理活动构成，它并不只是其中任意单一心理活动的欣赏过程，而是在现有的审美认知下，鉴赏和认知审美情境及构成审美关系的审美主体与审美客体的过程。

作为个体进行审美活动的重要步骤，审美认知教育实现了对审美信息的获取和运用，在培养学生正确的审美感受和审美意识方面发挥了重要影响力。因此，在审美教育活动设计过程中，以现有的活动为基础，注重系列性、层次性的审美基础知识教育。审美基础知识教育应做到三个方面工作：①以美学基本理论教学为前提，引导学生建立美学体系，让学生体会美的概念、审美的意义和方法等，进而指导学生开展审美实践；②将个人在生活经验中培养起来的审美感知，与具体艺术形式的欣赏、各艺术门类的了解等结合起来，从而使学生用更客观、更综合性、更多层次的视角和心态去感知绘画、雕塑、影视、戏剧、建筑、音乐、舞蹈等艺术样式的审美特质；③实现审美教育向其他类别科学教育活动的渗透，在教育内容上用自然美、社会美、科学美等审美对象的提升来加以完善，并升华到人格审美的境界。

（2）审美情感教育。所谓审美情感，是指审美主体对客观存在的美的体验和态度，它是人类的一种高级情感，贯穿于审美活动始终，而审美情感教育是一个综合的概念，包括审美关爱教育、审美理想教育和审美修养教育等。在审美实践活动中，审美情感从审美主体的实践活动中来，同时又对审美实践具有能动的反作用，既能指引其开展审美活动，又能使审美活动沿着规范化方向发展。

（3）审美实践教育。审美实践教育的方向在于促进完整人格的形成，这一方向实现的途径就是以对感性的发展来推动其向审美情感教育的转变。感性是美育的起点，具有现实性和艺术性双重属性。感性发展的层次同样有两方面的体现：①满足与解放感性要求；②提升与塑造感性。与之相对应的，审美实践教育也包括主体的审美体验和审美创造等内容。从本质上而言，审美实践其实是人的实践活动，这种自主实践以最直接、最集中的方式将美的内涵进行了展现，并以对自由的体验自主进行审美创造。作为功利与超功利的统一结合体，审美实践教育既体现了美的无功利性，又体现了美的功利性，即实现人格养成。

2. 美育课程建设的方法

（1）知识传授法。美育教育中常见的授课形式是课堂教学，这也是目前高校教育中最常用的方法。

通过教育者口头传授向学生传递美学相关理论知识，这种方法十分常见。知识讲授法过程中需要注意的是，教育者所传递的教学内容是需要十分准确的，对于知识的讲解需要系统全面，并且具有科学性。在传授理论知识的同时，也要注重与实践的结合，通过循序渐进地启发和引导，让学生们有层次地学习，而不是一概地灌输。

（2）实践体验法。实践方法在美育教育教学中表现在高校组织的各种审美实践活动中。审美实践活动是最基本的能够提升审美能力的方式之一，也是一个客观改变世界，从而影响主观精神世界的过程。实践活动分为劳动实践、校园活动以及参观访问等。

在实践活动中，学生通过亲身体验逐步构建对美的认知。这种潜移默化的体验过程不仅提升了他们的审美能力，而且从思想意识、感官体验和情感等多个层面深化了对价值和意义的理解，从而形成独特的审美观念。体验活动能够超越纯理性的认知，使学生能够感知到生活中的情调和生命力，从而在精神层面获得满足。

（3）环境熏陶法。环境熏陶法是指通过美的事物和美的文化，形成一个美的环境，在受教育者没有意识的前提下，潜移默化地让他们感受到美的熏陶，逐渐形成美的意识形态。大学生们正处于一个思想活跃的阶段，他们身上有许多可以开发的潜质，例如诗人般的品格、易激发的情感以及浪漫主义气质。同时，他们又有一定的文化知识基础，如果在他们的生活环境中创造美的事物，让美与他们的生活紧密关联，就能让他们在熟悉的生活中不断地被美熏陶和感染，让美育教育事半功倍。大学生生活在校园中，如果学校具有良好的人文气息和审美精神，对大学生的审美教育是十分有利的。由此可见，要实现以美育人的美育教育目标，校园是一个重要的载体。

（4）情感共鸣法。情感共鸣法是指教师在美育教育的过程中需要把自己的情感融入课堂之中，从而让学生们产生情感的共鸣。这是一种通过教师的能力来传授知识，提高学生的觉悟能力，让学生们逐渐完善人格的教育方法。这种方法非常注重对受教育对象的情感激发，美育教育就是一个把客观对象逐渐内化为情感的过程，所以情感的熏陶和调动是十分重要的。

找到与学生情感共鸣的方式就需要坚持情理交融的原则。教育者在审美教育过程中，需要通过激发人们的美好情操和积极进取的情感来达到审美教育的目标。这种情感是积极向上的，有助于他们树立正确的人生观、世界观、价值观。

第三节　大学生文化自信教育

文化自信是一个国家、一个民族对自身拥有的生存方式和价值体系的充分肯定，是对自身文化生命力、创造力、影响力的坚定信念，坚持文化自信是实现中华民族伟大复兴的精神支撑。[1] 当代中国大学生作为传承和创新中华文化的中坚力量，同时也是弘扬和发展当代中国先进文化的主要群体。他们承载着时代的责任，是文化传承的生力军。通过加强对当代中国大学生文化自信的研究，有助于激发高校文化引领的潜能，进一步提升国家文化软实力。这一群体不仅是知识的接受者，更是文化的传播者和创造者，对他们进行文化自信的引导，将对整个国家文化的发展产生深远的影响。

一、大学生文化自信的层面

大学生文化自信涵盖思想和行为两个重要方面。在思想上，表现为对民族文化价值的积极肯定、认同和自豪感。他们理性对待外来文化，同时坚定地信仰和传承本民族文化的生命力，形成了独立而深刻的文化认知。在行为上，大学生文化自信体现为辩证取舍外来文化，通过转化再造民族传统文化以及宣传弘扬先进文化。

---

[1] 赵旭. 以文化自信引领高校思政教育 [J]. 奋斗, 2024（09）：70.

（一）思想层面

　　大学生的文化自信体现在多个层次，其中首要的是他们对社会主义先进文化的深刻认同和自豪感。这体现在他们对中华民族传统文化和中国特色社会主义文化的充分肯定，他们不仅感到自豪，而且深刻认同社会主义核心价值观，将其视为精神支柱。与此同时，大学生还展现了对外来文化的理性认知。他们能够以冷静而客观的态度看待西方文化，保持对外来文化的理性分辨力。这种理性的态度并非对外部文化的盲目崇拜，而是一种有意识的思考，他们警惕外来文化可能存在的腐朽内容，努力防范西方思想文化的渗透，以确保本土文化的独立性和纯正性。此外，大学生还展现了对自身文化发展前景的坚定自信。他们深信社会主义先进文化将引领世界文明的发展，因此，他们不仅树立起社会主义核心价值观，而且坚定不移地保持共产主义信念。这种自信不仅体现在对当前中国特色社会主义文化的认同，更表现在对其未来发展充满信心。

（二）行为层面

　　大学生文化自信在于其在西方文化与中华文化之间的辩证取舍。这体现在他们能够审慎地选择并吸收西方文化中的优秀思想，将其融入中华文化自信的范畴。这种能力不仅体现在理论上，更表现在积极的实际行动中。大学生通过融合有益的外来文化，使其为中国特色社会主义服务，展现了对国家文化的深刻理解和自信心。此外，大学生还具备转化再造民族传统文化的独特能力。他们不仅能在借鉴外来文化的基础上对外来文化进行改造，而且能够创造出中华民族新文化。这种创新性的思维和实践能力，使大学生在文化领域展现出了强大的活力和创造力，为中华民族文化的发展注入新的动力。

　　作为中国特色社会主义文化的传承者，大学生将社会主义核心价值观内化为思想基础，并将其转化为具体行动。大学生积极参与实践活动，推动社会主义文化的大发展大繁荣。这不仅是对社会主义文化的有力支持，也是对中华民族文化精神品质的积极展现。大学生的文化自信不仅停留在理论层面，更融入实际的社会实践，为中国特色社会主义文化的传承和创新贡献着自己的力量。

二、大学生文化自信的培育目标

对大学生文化自信的培育旨在引导他们珍视中国特色社会主义文化。首先，大学生应当尊重传统文化、红色革命文化和社会主义先进文化。在理性认识外来文化的同时，培养对中国特色社会主义文化的坚定信念成为必要之举。其次，为厘清主流文化与外来文化的关系，大学生需要理性看待文化自信的必要性和紧迫性。深入了解中国特色社会主义文化的演变史，关注其发展前景和优势，并明确其在世界文化中的地位。通过将个人理想融入中国梦，实现对文化自信的全面培育。最后，为确保大学生全面发展，采取多方位的教育手段和综合测评方式。这不仅有助于培育文化自信，更能使大学生成为具有文化自信的一代，为中华民族的繁荣昌盛贡献力量。

（一）全面了解中国特色社会主义文化主要内容

为实现大学生文化自信的目标，首要任务是了解和认同中国特色社会主义文化的重要性。大学生的思想觉悟需要建立在对中国特色社会主义文化的全面了解和认同之上，这被视为提升其价值观认知的基石。其次，通过深入学习，大学生应理解中国特色社会主义核心价值观。这将有助于塑造他们的世界观和价值观，为更好地融入社会提供理论基础。最后，为解决大学生对文化了解存在片面的情况，教学和生活需要多层面的融合。这将培养大学生对文化的全面自信，使他们成为中华文化传承与发展的积极参与者。

（二）引导学生自觉践行中国特色社会主义文化理念

为了使大学生真正了解和践行中国特色社会主义文化，教育引导的任务显得尤为重要。高校应积极引导大学生宣传并践行文化自信。通过精心设计的课程和丰富多彩的文化活动激发学生对中国特色社会主义文化的浓厚兴趣，并培养他们的文化认同感。同时，应大力弘扬中国特色社会主义文化，鼓励学生自觉参与社会主义文化建设，成为传承和创新的重要力量。

对于外来文化，学生需要理性认识，既要避免盲目崇拜，也要防止全盘否定。应保持理性情感，坚持"包容借鉴"的理念，既能拓展国际视野，又能保持本民族文化的独立性。培养大学生理性看待外来文化，注重辩证选择，增强文化的兼容性，有助于形成更为开放且富有包容性的文化态度。

三、大学生文化自信的培育方法

大学生文化自信心的培育是一项复杂而系统的工程，必须进行全面运作。在文化自信教育中，培育方式被认为至关重要，因为正确的培育方式有助于树立大学生对优秀传统文化和中国特色社会主义文化的自信心。培养一支充满信心的大学生队伍是实现文化强国目标的关键一环。为达成这一目标，必须综合运用显性教育与隐性教育的有机结合，确保在教育过程中传递正确的文化价值观。

在实践中，校内教育与校外教育需实现内外联动，以确保教育工作的全面性。同时，线上教育与线下教育应该共存互补，充分发挥各自的优势，提供多样化的学习渠道。

（一）显性教育和隐性教育有机结合

在教育领域，教育客体既是受教育对象，同时也是自我教育的主体。这种双重身份使得教育不仅是一个从外部吸收知识的过程，也是一个主动参与的内在发展过程。为了实现更深层次的教育效果，教育需要显性教育和隐性教育有机结合。显性教育以公开的手段、有组织的方式进行，通过明确的目标和公开的活动，使教育内容被客体主动内化为思想，并再外化为行为习惯。这种方法的优势在于直接、系统，但局限性也显而易见，容易引起抗拒和逆反心理。

隐性教育具有多重特征，包括隐蔽性、暗示性、间接性、渗透性、体验性和分享性等。这些特征使隐性教育成为一种复杂而多层次的教育方式。它不仅仅局限于课堂，隐性教育通过心理环境、文化氛围和美的物质环境，悄然地影响个体，提供自然的学习体验。这种自然的学习体验有助于学生更好地理解和吸收知识，同时培养他们的创造力和批判思维，形成更为健全的个体发展。

在学校道德教育中，显性教育通过直接的方式传达道德目的、任务和内容，引导学生确立政治信念，形成正确的世界观、人生观、价值观。然而，为了在教育过程中潜移默化地影响学生，教育者还须结合隐性教育。通过学生无意识的非特定心理反应，隐性教育能够更自然地完成道德知识的传递，避免显性教育的局限性，减轻可能引起的逆反心理。这样的综合教育方法有助于培养学生的全面素养，使其能够更自觉地将外在教育融入内在思想体系，为未来的行为习惯打下坚实基础。

隐性教育作为显性教育的补充与发展，为拓展显性课程领域提供了有益的途径。在道德教育中，隐性课程发挥着更为有效的作用。这一理念为教育界带来了思考，使教育者们开始认识到仅仅依靠显性教育是不够的，隐性教育的引入可以更全面地促进学生发展。

然而，隐性教育并非一劳永逸的解决方案。其局限性在于无法完成系统理论教育功能，无法直接指导和调控教育过程。这使得显性教育的作用愈发重要，成为大学生文化素养培育教育系统中不可或缺的一环。显性教育与隐性教育形成辩证统一的方法，二者在大学生的文化素养培育中相互依存、联系、补充。

为了实现有效的文化素养培育，必须在教育体系中合理配置显性教育和隐性教育。这就要求教育者不仅要注重正规教育的内容和形式，还要关注潜在的非正式教育机会，以避免两者之间的割裂和等同对待。显性教育为学生提供系统性、有计划的知识传授，隐性教育则通过感性的体验潜移默化地引导学生形成正确的人生观和价值观。

在大学生文化自信培育的过程中，显性教育和隐性教育分别具有独特的作用，二者不可相互替代。因此，教育者应该适度结合运用这两种教育方式，以作用于有意识和无意识方向、理性和非理性因素。只有在这种综合运用的情况下，才能最大限度地发挥文化自信培育的效果。

（二）校内教育和校外教育内外联动

在大学生的成长过程中，教育环境因素起着至关重要的作用，主要分为校内和校外两个教育环境因素。在校内，广义的教育涵盖了有目的、有计划、有组织地对受教育者施加影响的教育活动；而狭义的教育则特指学校统一制订的教学计划，通过班级授课制方式完成规定的教学任务。校内教育在个体成长中扮演着不可替代的角色，它通过提供结构化的学习环境和丰富的教育资源，为学生的认知发展和社会适应提供了坚实的基础。

具体来说，校内教育主体的有限性指的是教育主体较为单一，学生主要作为受教育者存在。教育时空的有限性则意味着学生的教育活动受限于学校的时间和空间，主要在特定的时间和地点接受正规课程教育。同时，教育资源的有限性也是一个挑战，学校可能无法提供足够多元化和丰富的资源以满足学生全面发展的需求。

为了弥补这些不足，校外教育成为提升大学生文化自信的重要途径之一。校外教育不仅包含学生的自主学习过程，还包括参与社会实践、文化活动等外部资源的积累。大学生在校外教育中能够深化对自身文化的认知，扩展学科知识，培养实际应用能力，从而提升他们的综合素质。通过校外教育，大学生能够在更加宽松和自由的环境中发挥主体性，不仅仅是被动地接受教育，更能够主动地去探索、去实践，形成更为健全的人格。

广义上，校外教育是指在广阔的时间和空间里，通过社会文化教育机构、社会政治、科学技术、公益劳动、社会服务、文化娱乐、体育等多种活动，以及个人的课外阅读、栽培花草树木、自我服务等形式，为学生提供丰富多样的教育。

这种教育形式的出现并非仅仅为了填补学校教育的不足，而是作为教育系统的一部分，更多地弥补了学校教育在时间和空间上的限制，为学生的全面发展提供了有益的支持。其教育理念强调教育与实际生活的结合，通过文化娱乐活动促使青少年身心健康，并拓展课余生活的活动空间。这不仅有助于学生在知识层面的增长，更注重培养学生的综合素养和社会适应能力。

在校外教育的具体范围内，诸青少年宫等机构组织的教育活动为学生提供了更为丰富的学科内容和实践经验。通过这些活动，学生能够接触到更广泛的知识领域，培养对艺术、科技、体育等方面的兴趣和才能。同时，校外教育还为青少年提供了参与公益劳动、社会服务等社会实践的机会，促使他们更好地理解社会、关心他人，培养积极的社会价值观。

然而，校外教育也存在一些局限性。首先，相较于校内形成的亲密关系，校外教育的学习环境可能较为疏离，这可能会限制教育的效果。其次，社会环境因素和教育机构的营利目的可能对学生的身心健康发展构成不利影响。校外教育的分散性和随意性与学校教育形式存在差异，可能使学生在学习中感到迷茫和缺乏方向。

校内教育与校外教育并非孤立存在，而是需要有机结合。在校内教育的基础上，将校外教育资源有机地整合起来，能够更好地促进学生的全面发展。学校可以通过合理设置校外实践课程、推动社会实践活动、引导学生参与文化体验等方式，将校内外的教育资源有机衔接，使之成为学生发展的有益补充。

因此，对于当代大学生而言，校内外教育的有机结合是必要的，有助于全面促进他们的综合素质发展。通过学校提供的系统化教育和校外丰富多彩的社会实践活动，大学生可以在知识和文化的双重滋养下，更好地塑造自己的人生观和文化自信。这种联动模式将为他们未来的职业发展和社会参与奠定坚实的基础。

（三）线上教育和线下教育共存互补

知识经济和信息时代的崛起标志着信息技术在教育领域的重要作用。信息技术已经成为促进教育发展的关键手段，其中线上教育的兴起更是引领了全球高等教育的潮流。在这个信息时代，线上教育不仅仅是一种趋势，而且已经成为高等教育体系不可或缺的组成部分。

线上教育的快速发展在全球范围内已成为高等教育领域的一个重要议题。尤其是在大学生文化自信培育方面，线上教育与传统的线下教育应该共存互补。这种共存互补的模式有助于为学生提供更为多元的学习机会，拓展其知识视野，培养创新能力。同时，这也使教育体系更加灵活，能够更好地适应知识经济和信息时代的发展需求。

大学生文化自信的培育需要充分发挥线上线下两种教育模式的优势，以全面提升学生的文化自信水平。在线上教育方面，应善用网络技术，跨越时空限制，开展文化自信教育。建议建设综合性文化自信主题教育网站，为大学生提供多元化、深度化的学习资源，以促使其对国家、传统文化等方面建立更加自信的认知。同时，通过线上平台，可以实现信息的及时更新，迅速响应社会文化变革，使学生在文化自信的培育中保持敏锐性。

在线下教育方面，需强调教师的主导作用，注重情感交流，将情感因素融入文化自信的培育过程。传统课堂教学在培养学生文化自信方面扮演着关键角色，通过面对面的互动，师生之间能够建立更为深厚的情感联系，有助于学生更好地理解和传承传统文化。强化线下教育的亲身体验，有助于培养学生的文化情感，使他们更深刻地感知文化内涵，增强对传统文化的认同感和自豪感。

第四节　大学生社会主义核心价值观教育

在当代中国，社会主义核心价值观是引领社会风尚、凝聚民族力量的重要精神支柱。大学生作为国家的未来和希望，他们的价值观教育至关重要。在着力推进教育高质量发展进程中，加强高校社会主义核心价值观教育是顺应高等教育高质量发展形势、促进高校高质量人才培养、服务党和国家事业大局、保障社会和谐稳定的必然要求。❶

一、大学生社会主义核心价值观教育的意义

社会主义核心价值观教育对于大学生的全面发展具有深远的影响，具体体现在以下方面：

（一）塑造健全人格

社会主义核心价值观教育旨在引导大学生形成正确的世界观、人生观和价值观，这是塑造健全人格的基础。在当前社会，多元价值观念的冲击使大学生面临着诸多困惑和选择。通过社会主义核心价值观教育，大学生能够树立正确的道德观念，保持清醒的头脑，坚守道德底线，做到言行一致。这种教育有助于大学生在复杂多变的社会环境中，保持坚定的信念，塑造健全的人格。

（二）培养社会责任感

社会主义核心价值观教育能够使大学生深刻理解国家、民族和人民利益的重要性，从而增强他们的社会责任感。大学生作为国家未来的栋梁，肩负着为国家繁荣富强贡献力量的使命。通过这种教育，大学生将更加关注社会问题，积极参与社会实践，以实际行动践行社会主义核心价值观，为国家的繁荣富强贡献力量。

（三）传承优秀传统文化

社会主义核心价值观是中华优秀传统文化的精髓，承载着中华民族的

---

❶ 尤芳舟.教育高质量发展进程中加强高校社会主义核心价值观教育的思考 [J].沈阳工程学院学报（社会科学版），2024，20（02）：133.

优秀品质和精神追求。通过社会主义核心价值观教育，大学生能够深入了解并传承这一优秀文化，增强民族自豪感和文化自信。在全球化背景下，大学生应当具备国际视野，同时坚守民族优秀文化，将中华优秀传统文化传承下去，为中华民族的发展提供精神力量。

二、大学生社会主义核心价值观教育的内容

大学生社会主义核心价值观教育的内容涵盖了国家层面、社会层面和个人层面，这三个层面相互关联，共同构成了一个完整的价值观体系。

（一）国家层面

在国家层面，社会主义核心价值观教育着重于培养大学生的国家意识和历史使命感。教育大学生践行富强、民主、文明、和谐的价值理念，意味着引导他们关注国家发展大局，认识到国家富强、民族振兴的重要性。这种教育不仅仅是知识传授，更是情感和行动的引导，鼓励大学生将个人的发展与国家的命运紧密相连，为国家的繁荣富强贡献智慧和力量。例如，通过学习国家的发展历程、科技进步、经济建设等方面的知识，大学生可以更好地理解国家富强的内涵，激发他们的爱国热情和创新精神。

（二）社会层面

社会层面的社会主义核心价值观教育强调的是大学生的社会责任和公民意识。弘扬自由、平等、公正、法治的价值观，意味着教育大学生遵守社会公德和职业道德，维护社会公平正义和法治秩序。这种教育旨在培养大学生的社会参与能力和批判性思维，使他们能够在社会生活中做出正确的价值判断和行为选择。例如，通过参与志愿服务、社区活动、法律知识普及等社会实践，大学生可以深刻体会到自由、平等、公正、法治的实践意义，增强他们的社会责任感和公民意识。

（三）个人层面

个人层面的社会主义核心价值观教育关注的是大学生的品德修养和个性发展。倡导爱国、敬业、诚信、友善的品德修养，意味着教育大学生树立正确的个人价值观，做到自尊、自信、自强、自立。这种教育旨在帮助大学生形成健康的人格，培养他们的道德情操和社交能力，使他们成为具有良好道德品质的社会主义建设者和接班人。例如，通过学习先进人物的事迹、参与道德讲堂、开展诚信教育等活动，大学生可以不断提升自己的道德素养，塑造积极向上的人格特质。

三、大学生社会主义核心价值观教育的路径

为了有效地实施大学生社会主义核心价值观教育，需要采用多种教育方法，以适应不同学生的特点和学习需求。

（一）理论教学

理论教学是大学生社会主义核心价值观教育的基础。通过课堂教学、专题讲座等形式，向大学生传授社会主义核心价值观的理论知识，帮助他们深入理解其内涵和意义。理论教学不仅仅是知识的传递，更是价值观的引导和思维方式的培养。教师可以通过深入讲解社会主义核心价值观的来源、发展、内涵和现实意义，结合历史、文化、社会等多方面的知识，引导大学生形成正确的世界观、人生观和价值观。此外，还可以通过案例教学、讨论教学等方式，激发学生的思考能力和批判性思维，提高他们对社会主义核心价值观的认识和理解。

（二）实践教育

实践教育是大学生社会主义核心价值观教育的关键环节。组织大学生参与社会实践、志愿服务等活动，让他们在实践中感悟和践行社会主义核

心价值观，增强教育的实效性。实践教育可以让学生走出课堂，亲身体验社会生活，感受社会主义核心价值观在实际生活中的体现和应用。例如，通过参与社区服务、支教活动、环保行动等，大学生可以将理论知识与实际操作相结合，培养他们的社会责任感和公民意识。同时，实践教育还可以锻炼大学生的团队合作能力、沟通能力和解决问题的能力，促进他们的全面发展。

（三）校园文化

校园文化是大学生社会主义核心价值观教育的重要载体。加强校园文化建设，营造积极向上的氛围，让大学生在潜移默化中接受社会主义核心价值观的熏陶。校园文化包括物质文化、精神文化和制度文化等多方面，它们共同构成了一个独特的文化环境，对大学生的成长和发展具有重要的影响。通过举办文化活动、艺术表演、学术讲座等，可以丰富大学生的校园生活，培养他们的审美情趣和人文素养。同时，还可以通过制定合理的规章制度，培养学生的纪律意识和法治观念，使他们形成良好的行为习惯和道德品质。

第五节　医学生的医德情感教育与医德实践教育

在新时代高校思想政治教育工作的核心内容中，培养具有高尚品德与社会责任感的全面发展人才是至关重要的。医学生的医德情感与医德实践教育，正是这一核心目标在医学教育领域的具体体现，它不仅关乎医学专业技能的传承，更涉及到医学生职业道德、人文关怀和社会责任感的塑造。本书以笔者所在医学院医学教育中的医德情感与医德实践教育为例，深入探讨高校思想政治教育在医学人才培养中的核心作用与实践路径。

一、医学生的医德情感教育

医德情感是医务工作人员基于一定的医德认识，对医学道德关系和医学道德行为的一种爱憎或好恶的情绪态度体验，是医务工作人员根据一定的医学道德规范，在处理医患关系和评价自己的医德行为时所体验到的心理活动。具体表现为以能够履行医者的道德义务而感到高兴，以未能履行医者的道德义务而感到羞愧。医疗职业以防病治病、救死扶伤为使命，在医疗职业高度社会化的今天，医务人员不仅要对个体患者的生命健康负责，而且要对社会公共利益负责，公正合理分配医疗卫生资源。因此，从内容维度来看，医德情感包含着丰富的内容，如对患者的尊重感、同情感、关怀感；对医疗卫生事业与医学科研的使命感与事业感；分配医疗卫生资源所需要的公正感，等等。医德情感不只是医务人员才有的情感，医学生作为未来的医务工作者，他们在医学院校学习期间，学校应根据为医疗行业输送合格医疗职业人员的需要，通过模拟创设医疗情景和提供医疗实践机会等教育方式和途径，引导医学生形成一定程度的医德情感，此处称之为医学生的医德情感教育。结合医学生的特点和医学院校实际，医学生的医德情感教育可重点关注以下四种基本情感。

（一）同情感

同情感是道德情感中的核心部分。人性本身及其结果上最为显著的一个特点在于同情他人的那一种倾向，并且借助于互相的交流感受到他们的心思与想法。同情感是人性善良的表现，是自然人成为道德人的必要条件，是一种对他人的不幸遭遇产生共鸣以及对其行动的支持。

医学生的同情感教育是一个重要的教育维度，它涉及医学生对患者情感的理解、尊重和响应。这种教育旨在培养医学生的人文关怀精神，使他们在未来的医疗实践中能够更好地与患者沟通，建立和谐的医患关系。

同情感教育强调医学生应具备对患者情感的敏感度。在临床实践中，患者往往面临着身体和心理上的双重压力，他们不仅需要医学上的治疗，更需要情感上的支持和理解。因此，医学生需要学会倾听患者的心声，理解他们的恐惧、焦虑、不安等情感，从而给予他们及时的安慰和支持。

同情感教育还注重培养医学生的同理心。同理心是指能够设身处地地理解他人的情感和经历，并产生相应的情感反应。对于医学生来说，同理心是建立良好医患关系的重要基础。通过培养同理心，医学生可以更好地理解患者的需求和感受，从而提供更加人性化的医疗服务。

（二）责任感

责任感是个人对所应承担的对社会、集体或他人的道德义务、道德使命的自觉意识与体验，是义务的内在化和情感化。责任感能促使道德主体积极地、自觉地去承担道德义务。医德情感里的责任感是医务人员在医疗实践中从维护患者利益、关心爱护患者出发，推动自身为患者服务的内心体验，并由此产生对自我的约束和要求，是对医疗职业和患者恪守尽职的情感。

医学生的责任感教育是一项至关重要的任务。作为未来的医疗工作者，医学生不仅需要掌握深厚的医学知识和技能，更需要具备坚定的责任感和使命感。这种责任感不仅体现在对患者病情的精准诊断和治疗上，更贯穿于他们与患者沟通、团队协作以及终身学习等多个方面。

第一，医学生的责任感教育应强调医学伦理与职业道德的重要性，引导他们树立正确的医学价值观和职业观，明确医疗工作的核心是为患者服务。通过案例教学和角色扮演等教学方法，让医学生在实际情境中体验医疗工作的责任和挑战，从而加深对责任感的认知。

第二，加强对医学生团队协作和沟通能力的培养，使他们能够在医疗团队中发挥积极作用，共同为患者提供优质的医疗服务。通过导师制度，让资深医生成为医学生的引路人，传授他们丰富的医疗经验和职业道德，进一步强化医学生的责任感。

第三，志愿服务和公益活动是提升医学生责任感的有效途径。通过参与这些活动，医学生能够深入了解社会需求和患者疾苦，培养自身的服务意识和奉献精神，从而使他们更加珍惜和热爱自己的职业。

（三）关怀感

关怀和被关怀是人类的基本需要。每个人都需要其他人对自己的关怀，需要被理解和接受。关怀是一种以个体自我为中心向外发散的内心意识而产生的情感。关怀感是以关系为中心的。从医务人员的职业角度出发，医务工作者对于患者不仅有救治的义务，还有关怀的义务。患者作为病痛的承担者，需要的不仅仅是治愈，也需要来自医务人员精神上的鼓励，提高他们战胜疾病的勇气。关怀是医学职业精神的感召，是医德情感的重要体现。

第一，关怀感教育应强调医学伦理和职业道德的重要性。医学生需要认识到，作为未来的医疗工作者，他们的职责不仅仅是治疗疾病，更重要的是关心患者、尊重患者、理解患者。这种关怀感应该贯穿于医学教育的始终，从入学教育到临床实践，都要不断强调和深化。

第二，提供临床实践机会是加强关怀感教育的重要途径。在医院实习或志愿者服务等活动中，医学生可以接触到真实的医疗场景，与患者进行面对面的交流，深入了解患者的需求和痛苦。这种亲身体验能够让医学生更加深刻地理解关怀感的重要性，并激发他们内心深处的同情和关爱。

第三，互动与合作也是培养医学生关怀感的有效方式。医学生可以组成小组进行共同学习和讨论，分享自己的观点和经验。在小组中，医学生可以互相鼓励和支持，共同探讨如何更好地处理患者关怀的问题。此外，医学生还可以与其他专业的学生合作，如社工、心理学等专业学生，以拓宽自己的视野并学习其他专业的相关知识，从而更好地理解患者的需求。

（四）尊重感

在医学教育领域，尊重感的培养对于医学生的全面发展至关重要。尊重感作为一种高级的道德情感，是医德情感的核心组成部分，它源自医学生对医学职业的理性认知和深刻理解。这种尊重感表现为对患者生命价值和人格尊严的双重尊重，体现了医学对生命的敬畏以及对个体尊严的维护。

在医学教育过程中，强调尊重感的培养有助于医学生形成一种理性的、深层次的关爱态度。这种态度不仅要求医学生尊重患者的生命价值，更要求他们在医疗实践中尊重患者的独立人格。通过教育，医学生被引导去关注患者作为有感情、尊严和理性的个体，从而在医疗实践中实现对患者的平等对待，这对于建立医患之间的信任和尊重至关重要。

第一，尊重感教育应强调对患者的基本尊重。医学生需要学会倾听患者的需求和痛苦，尊重他们的选择和意愿。在医疗过程中，患者是治疗的中心，医学生的职责是提供最佳的治疗方案并关注患者的心理需求。尊重患者的尊严和隐私，以礼貌和体贴的态度对待每一位患者，是医学生必须掌握的基本素质。

第二，尊重感教育也应包括对同事和医疗团队成员的尊重。在医疗团队中，每个成员都扮演着重要的角色，只有相互尊重、协作配合，才能为患者提供高质量的医疗服务。医学生需要学会欣赏他人的贡献，尊重他人的专业知识和技能，与团队成员保持良好的沟通和合作。

第三，尊重感教育还应扩展到对整个医疗行业的尊重。医学是一门古老而崇高的学科，它承载着人类对于健康和生命的追求。医学生需要认识到自己在医疗行业中的重要地位和责任，以敬畏和尊重的心态对待医学知识和医疗实践。同时，医学生也要关注医疗行业的现状和发展趋势，积极参与医疗改革和创新，为医疗行业的进步贡献自己的力量。

二、医学生的医德实践教育

（一）医学生医德实践教育基础理论

医学生的医德实践教育并非医德实践教育活动的简单集合，而是按照一定规律运行的教育体系。医德实践教育是医德教育主体为实现特定的医德教育目标，依据社会主义医德原则和规范，通过临床实践、科研实践、社会实践等亲身体验的实践活动对受教育者进行的，以处理医务人员与病人、社会及医务人员之间的关系为内容的教育活动。

1. 医德实践教育的构成

所谓要素是指构成活动必不可少的、最基本的因素。关于教育活动的构成要素，大致有"三要素说""三体一要素说""四要素说""五要素说"（含"新五要素说"）"六要素说""七要素说""八要素说""十要素说"等。由于隶属思想政治教育范畴，医德实践教育分为医德实践教育主体、医德实践教育对象、医德实践教育目标、医德实践教育内容、医德实践教育载体、医德实践教育方法和医德实践教育评价共七个要素。

从医德实践教育定义出发，医德实践教育形式包括实验类、实习类的情境模拟教学活动、临床实践活动；研究性、综合性的科研实践活动、社团活动；社会实践类的社会实践活动、志愿服务活动等。以上教育形式，以开展场所为划分依据可划分为校内实践教育形式、校外实践教育形式；以实践教育性质为划分依据可划分为课程形式、非课程形式。

2. 医学生医德实践教育的特征

医德实践教育是运用实践教育法实施医德教育的活动，医德教育与实践教育的双重属性赋予了医德实践教育实践性、协同性、直观性和兼容性的特征。

（1）实践性。实践性是医德实践教育最突出的特征。与传统医德教育侧重于课堂理论灌输截然不同的是，医德实践教育注重以课程实验、社会实践、临床实践等实践活动为医德教育主要途径，引导医学生从实践中了解自己不足、掌握医德知识、磨炼医德技能、培养医德情感、提升医德素养，培育良好的医德医风。

（2）协同性。随着社会的快速发展，人民群众对美好生活的向往愈加迫切，这对医务人员的医德素养提升提出了更高要求。然而，当前医学生的医德教育主要是以传统的理论教育和课堂教育为主，医德实践教育相对较少，这导致了医院与院校之间、医疗实践与医德教育之间的协同性不足。

医德教育内容的滞后性、教育手段的单一性确实不利于医学生实用医德技能的培养，而医德实践教育则为广大医学生提供了一个宝贵的平台，使他们能够更深入地认识并适应社会医德需求，从而不断提升自身的道德水平和医德素养。

（3）直观性。直观性原则最早运用在教学活动中，具体含义是指在教学中通过学生观察所学事物或教师语言的形象描述，帮助学生形成对学习对象的清晰认识，丰富他们的感性知识，从而使他们能够正确理解书本知识，发展认识能力。医德实践教育的直观性主要体现在两方面：一方面，医德实践教育的内容通过实践活动直观地展示出来，可以有效增强医学生的直观体验和兴趣。医德实践教育活动更容易吸引医学生，使医学生心中形成对教育主题、内容的认同，从而外化为医德行为。另一方面，教育主体通过校园文化、舆论氛围、实践环境的营造可以直观地让医学生感悟到主流价值观、医德观，时时处处受到医德教育的洗礼。

（4）兼容性。虽然在多元文化冲击、社会快速发展的今天，以课堂理论灌输教育为主的医德理论教育难以靠纯粹的、一成不变的医德理论来培养出适应当前社会需要的"美德医生"，但医德理论教育与医德实践教育在培育目标上具有同向性，而且扎实的医德理论、医德知识是培育一名"美德医生"的基础，是必备条件。认识源于实践，认识指导实践，认识的提升是认识到实践再到认识的过程。因此，医德理论教育与医德实践教育互为补充，二者是兼容共生关系。

3. 医学生医德实践教育的意义

从教育途径划分，医德教育包含医德理论教育与医德实践教育。医德教育的发展也离不开医德理论教育与医德实践教育的协同发展。完善医学生医德实践教育，有利于推动医德教育满足时代与社会发展要求，有利于促进医学生医德素养的全面快速提升。

（1）推动医德教育满足时代与社会发展要求。现代医学模式的产生与发展对医德教育提出了新要求。现代医学模式，即生物—心理—社会的医学模式。现代医学模式认为人类健康与疾病取决于生物、心理及社会等各种因素，保护与促进人类健康，要从人们的生活环境、行为、精神及卫生服务等多方面努力。现代医学模式要求医务工作者要将健康因素与心理因素、社会因素进行广泛联系。与传统生物医学模式的医德要求相比，现代医学模式对医务人员医德素养要求更高、更全面，尤其是医务工作者关爱社会、奉献社会的态度与能力。

因此，这也要求医学生医德教育要更广泛地利用社会实践、临床实践等方式更好更直接地培养医学生的人文关怀意识，尽可能多地让学生接触并认识由社会因素引发的健康问题。加强与完善医德实践教育，符合现代医学模式发展要求。

（2）有利于进一步激发医学生医德情感。医德情感包括对医疗卫生工作的态度和对患者的情感。一方面，青年大学生往往对具体的、外化的、能够赋予一定学习主动权的教育形式感兴趣，而对理论概念复杂抽象的、始终处于被动接受的传统医德教育形式难以调动积极性。同时，医德类课程与医学生的考研、就业相关性不强的现实，决定了医德类课程靠传统的理论教育形式难以激发学生的学习兴趣及形成浓厚的医德情感。而医德实践教育内容蕴含在医德实践活动之中，形式丰富多样，学生具有一定的实践自主性，让学生从实践中感悟医德要义，符合青年学生身心特点，容易激发学生的学习兴趣。另一方面，医德实践教育过程中，医学生直接与患者和弱势群体接触，这种互动不仅能够唤起医学生的同情和关爱心理，还能增强他们的责任感和使命感。通过这种直接的服务和接触，医学生能够更真切地体会到医德的重要性，从而在情感层面上对医学知识产生更深层次的认同和追求。

（3）有利于进一步提升医学生践行医德准则的能力。随着社会对医疗卫生服务水平和质量要求的提高，以及医疗卫生资源的相对匮乏，我国医务工作者面临着日益增长的工作压力。在此背景下，医学生在医德实践教育中培养践行医德准则的能力显得尤为重要。医德实践教育不仅要求医学生掌握医德理论，更强调在实际医疗环境中应用这些理论，以应对复杂多变的医德挑战。

医德实践教育使学生有机会在真实的医疗场景中发现、判断、讨论和推理各种医德问题，从而积累宝贵的处置经验。这种实践经验有助于缩小课堂教授与实际工作之间的差距，使医学生能够更好地理解和应用医德准则。通过参与实践活动，医学生能够面对真实世界的医德困境，学习如何在高压和资源有限的环境中做出合理的医德决策。

医德实践教育还强调对医学生医德能力的磨炼，使其在面对医德问题时能够展现出更高的专业素养和伦理判断力。这种能力的提升对于医学生成为能够独立处理问题的医务工作者至关重要。通过实践教育，医学生能够在职业生涯的早期阶段就开始培养必要的医德能力，为将来在医疗卫生领域中发挥领导作用打下坚实的基础。

（二）完善我国医学生医德实践教育的对策

完善我国医学生医德实践教育是一项系统工程，必须以马克思主义理论为基础，以我国社会发展新要求为指导，以西方国家先进经验为参照，以解决实际问题为落脚点，融入全员育人、全程育人、全方位育人的"三全育人"理念，从过程规划、目标优化、主体构建、载体创建、方法丰富、评价完善六个方面探讨完善我国医学生医德实践教育的对策。

1. 打造全程式医德实践教育

医德实践教育是医学类高校医学生医德教育的重要内容，要发挥应有的育人效果，必须针对医德实践教育活动接续性不强、纵向联系不够、教育过程不规范等问题，从全程化角度对医德实践教育进行统筹规划，打造全程育人的医德实践教育格局。全程，即将符合医学生医德形成规律的医德实践教育活动贯穿医学生教育的全过程。对医学生医德实践教育需要在全程性规划原则基础上形成合理的实现路径。

2. 设计医德实践教育目标

世界卫生组织专家委员会审定，以学生为对象的医学教育目标可分为三级，即学校目标、中期目标和特定目标。学校目标是医学教育机构根据国家教育卫生政策为学校量身制定的总目标，因此，它对制定中期目标和特定目标具有指导作用。中期目标是学校规定某一教学阶段或某一学科完成后医学生应当达到的水平。而特定目标则是以学科为基础，对完成某一特定课程后在知识、技能和态度方面必须达到的水平。因此，医德实践教育的目标应该分级制定，以保证医德实践教育既能适应社会发展需要，又能反映不同专业、不同课程的特点与实际。

3.多维度参与和协作的主体构建

在医学生医德实践教育的主体构建中，强调的是多维度的参与和协作。医学高校在此过程中扮演着核心角色，其职责不仅限于提供医德教育的理论框架，还包括营造一个有利于医德实践的教育环境，以及从制度、平台、师资和资金等多个层面为医德实践教育提供坚实的支持。通过这样的支持，医学高校能够确保医德教育的系统性和连贯性，从而提升教育的整体效果。

教师队伍的合作是医德实践教育的另一个关键要素。专业教师与带教医生的协同工作，以及非医学专业教师和辅导员在临床学习中的参与，共同促进了医学生医德素养的提升。这种跨学科的合作模式有助于医学生从不同角度理解和吸收医德知识，增强其在实际医疗环境中应用医德准则的能力。

学生党员干部和家长在医德实践教育中同样发挥着不可忽视的作用。他们通过讨论、榜样示范和经验交流等方式，对医学生医德观念的形成和深化产生积极影响。这种影响不仅局限于学术领域，还扩展到社会和家庭环境，为医学生提供了一个全方位的医德学习环境。

全员协同育人机制的建立是实现医德实践教育目标的重要保障。由学校领导和相关部门负责人组成的领导小组，负责制定和执行沟通合作制度、提供教育目标建议、完善教育条件、规划管理教育过程、培训教师、组建辅导团队，以及监督评价教育效果。这种机制确保了医德教育的全面性和深入性，促进了教育活动的高效运行。

4. 创建全方位医德实践教育载体

全方位，是指以校内与校外、课内与课外、线上与线下多方位多形式实施医德实践教育，构筑多维并进、互补互动的格局。全方位的医德实践教育具有两个突出特点：

（1）医德实践教育形式极为丰富。医德实践教育要做到无处不在，如影随形，需要大量的实践活动覆盖到医学生学习、生活、工作的各个角落。这也对医德实践教育载体建设提出了较高要求。

（2）多种教育形式的互补联动。一方面，应将医德理论教育与医德实践教育主题、内容有机联系起来，理论教育与实践教育要紧密衔接，甚至将理论教育分专题融入实践教育过程讲授，提升医德实践教育效果。另一方面，同一学年医德实践教育活动的主题与内容要有效互补，各有侧重，共同推进，防止同主题、同内容的医德实践教育活动出现重复。

5. 丰富医德实践教育方法

在医学教育中，同情感教育和医德实践教育对于培养具有人文关怀精神的优秀医学人才至关重要。为了丰富医德实践教育方法，需要采取多种手段的综合运用。

（1）通过角色扮演和模拟训练，让医学生亲身体验医疗场景中的医患互动，从而增强他们的同理心和沟通技巧。这种模拟训练可以模拟真实的医疗情境，让医学生在实践中学习和掌握处理医患关系、保护患者隐私等与医德医风相关的知识和技能。

（2）志愿服务与公益活动则是培养医学生服务意识和奉献精神的有效途径。通过参与志愿服务和公益活动，医学生可以深入了解社会需求和患者疾苦，从而更加珍惜和热爱自己的职业，坚定践行医德医风的决心。

（3）现代信息技术为医德实践教育提供了新的平台。利用网络、社交媒体等现代信息技术手段，可以开展医德医风在线教育和交流活动，为医学生提供更加丰富的学习资源和互动机会。

6. 完善医德实践教育评价

为了提升医学生的医德医风水平，不仅需要采取多种教育手段，还需要完善医德实践教育的评价机制。公正、准确、全面的医德实践评价机制是医学生医德实践教育的重要组成部分，它对于规范医德实践教育活动、提升医学生的医德医风水平具有重要意义。

为了完善医德实践教育的评价机制，可以从四个方面进行：①建立医德实践档案。为每位医学生建立医德实践档案，记录他们在医德实践教育活动中的表现、成绩和反馈，为评价提供有力的数据支持。②引入多元化评价方式。除了传统的考试和考核外，还可以引入自我评价、同行评价、患者评价等多种评价方式，全面评估医学生的医德实践表现。③加强评价结果的反馈和应用。将医德实践表现的评价结果及时反馈给医学生，让他们了解自己的优点和不足，并针对性地进行改进和提升。④将评价结果纳入医学生的综合评价体系中，作为评优评先、推荐就业等的重要依据。

第三章　新时代高校思想政治教育工作的体系构建

第一节　高校思想政治教育工作的特性及发展阶段

一、高校思想政治教育工作的特性分析

高校思想政治教育工作作为提高高校学生道德素质和基本素养的主要途径，对于引领高等教育正确发展方向、推进高校社会功能和教育目的的实现具有重要作用。❶

（一）社会性

高校思想政治教育工作具有明显的社会性特征。这种社会性体现在思想政治教育既受自然因素影响，也受社会因素制约。思想政治教育不仅是教育体系的任务，更是社会发展的需求。高校作为社会的一部分，其思想政治教育工作的开展必须与社会环境相适应，与社会发展变化相协调。社会环境对思想政治教育有着重要的影响，因而在开展思想政治教育工作时，必须充分重视社会环境的影响，积极引导学生适应和融入社会。只有处理好思想政治教育与社会环境的关系，才能真正发挥思想政治教育的作用，培养出适应社会发展需求的高素质人才。

---

❶ 薛卓婷，陈河.新时代加强高校思想政治教育工作的价值意蕴及路径探析 [J].理论导刊，2022（11）：125—128.

（二）系统性

思想政治教育是一个复杂的系统工程，由多个分系统和子系统构成。从教育机构上看，高校思想政治教育工作涉及中央、省、市、校各个层级；从教育对象上看，涵盖了不同专业、不同年级、不同背景的学生；从教育过程上看，经历了发现问题、分析问题、制定方案、实施教育、解决问题和总结反馈等多个阶段。这种系统性要求高校思想政治教育工作必须具有全局观念，既要有整体设计，又要有具体落实；既要关注宏观层面的政策指导，又要重视微观层面的个体差异。只有这样，才能形成完整的思想政治教育体系，实现教育目标的全面达成。

（三）实践性

高校思想政治教育工作是一种典型的社会实践活动。思想政治教育必须紧密结合学生的实际生活，才能真正取得实效。这种实践性体现在思想政治教育要根据学生在学习、生活和社会实践中遇到的实际问题，有目的、有计划、分步骤地进行教育。通过组织学生参与社会实践活动，让学生在实践中体验、感悟和提升思想觉悟，从而实现思想政治教育的目标。实践性要求思想政治教育不能停留在理论层面，而要深入学生的实际生活，注重教育的实效性和针对性。

（四）集体性

高校思想政治教育工作主要在集体环境中进行。无论是课堂教育、集体活动，还是社会实践，都是在集体环境中展开的。集体的力量对个体的思想行为有着重要的影响。思想政治教育既要重视个别学生的思想问题，也要充分发挥集体的监督、评价和引导作用。通过集体的讨论、评价和相互影响，形成良好的集体氛围，推动个体思想觉悟的提高。集体性强调了思想政治教育不仅是个体的事，更是集体的事，集体的力量在思想政治教育中具有不可替代的作用。

（五）多端性

高校学生思想觉悟的提高是多因素制约和影响的结果。思想政治教育不仅需要学校的努力，还需要家庭、社会等多方面的协同配合。学生的思想行为受到家庭教育、社会环境、集体氛围等多方面因素的影响，因此，思想政治教育必须综合运用各种教育手段，从多方面入手，全面推动学生思想觉悟的提高。这种多端性要求思想政治教育要有全局观念，既要关注课堂教育，又要重视课外活动；既要有理论指导，又要有实践体验；既要注重教育内容，又要创新教育方法。

（六）长期性和反复性

高校思想政治教育工作具有长期性和反复性的特点。社会的发展是一个不断变化的过程，学生的思想觉悟也是一个不断提升的过程。因此，思想政治教育不可能一蹴而就，而是要根据社会的发展变化和学生思想的变化，进行长期的、反复的教育。长期性要求思想政治教育要有长期规划，不能急功近利；反复性要求思想政治教育要有耐心，不能一蹴而就。通过长期的、反复的教育，逐步提高学生的思想觉悟，使其在不断的学习和实践中不断成长。

（七）个性发展和有效控制相结合

思想政治教育既要鼓励学生的个性发展，又要对其思想和行为进行有效控制。个性发展是指思想政治教育要尊重学生的个体差异，鼓励学生根据自己的兴趣和特长发展；有效控制是指思想政治教育要引导学生沿着正确的方向发展，防止其思想和行为走向错误的方向。这种结合要求思想政治教育既要有原则性，又要有灵活性。既要坚持正确的思想导向，又要尊重学生的个性发展需求，形成既有原则又有灵活性的思想政治教育模式。

（八）科学灌输和自我教育相结合

思想政治教育既要重视科学灌输，又要强调自我教育。科学灌输是指思想政治教育要有科学的理论指导，通过科学的理论教育引导学生树立正确的思想观念；自我教育是指思想政治教育要注重学生的自主学习和自主发展，通过激发学生的学习兴趣和内在动力促进其自我教育和自我提升。这种结合要求思想政治教育既要有系统的理论教育，又要有丰富的实践活动，既要有教师的引导，又要有学生的主动参与，形成科学灌输与自我教育相结合的思想政治教育模式。

二、高校思想政治教育工作的发展阶段

高校思想政治教育工作是一个系统的过程，贯穿于发现、分析、制定、决断、实施和检查总结等多个阶段。每个阶段都在思想政治教育过程中起着至关重要的作用，它们构成了一个完整的闭环，确保思想政治教育的有效性和针对性。

（一）发现问题阶段

发现问题阶段是高校思想政治教育工作中至关重要的起步阶段。在这个阶段，教育工作者需要通过多种手段和渠道，全面、准确地了解受教育者的思想状况和行为表现，以确保后续教育工作的有效性和针对性。这一过程既需要对广泛社会信息进行深入分析，也需要重视对个体思想问题的把握和处理。

首先，寻找共性问题是发现问题的重要方式之一。在了解受教育者的思想倾向时，教育工作者应当及时掌握共性问题的萌芽状态，并迅速采取有效措施加以解决，防止问题进一步向不良方向发展。共性问题的发现需要对受教育者的集体特征有深入了解，以便制订针对性的教育计划和措施，从而引导他们朝着积极、健康的方向发展。

其次，注意个体思想问题也是不可忽视的。因为每个受教育者的个性和情况各不相同，对待同一问题时可能会有不同的观点和看法。因此，教育工作者需要因人而异地处理每个受教育者的思想问题，采取个性化、精准化的教育措施。这需要深入实际，采取科学的调查研究方法，确保对个体思想问题的把握和处理具有全面性和准确性，避免因为忽视个体差异而导致教育工作的失效。

（二）分析信息阶段

进入分析信息阶段标志着高校思想政治教育工作进入了更加深入的阶段。在这一阶段，教育工作者需要对收集到的信息进行系统的分类、整理和分析，以揭示思想政治问题的本质和规律，为后续的工作提供科学依据。这一过程不仅需要科学的方法，还需要充分考虑环境的影响和受教育者思想行为的变化方式。

第一，定性分析是分析信息的重要方法之一。通过对同性质的问题进行归类，可以更好地理清问题的分类和特点，为后续的分析提供基础。定性分析的关键在于全面、客观地归纳整理，确保对问题的分类准确性和全面性，从而为后续的教育方案提供可靠的参考。

第二，定量分析在分析信息中也具有重要作用。通过计算问题的范围和比重，可以更加准确地把握问题的影响程度和发展趋势，为制定针对性的教育方案提供科学依据。定量分析需要运用现代方法和手段，确保对问题的量化分析具有科学性和可靠性。

第三，因果分析和趋势分析也是信息分析的重要方法之一。通过因果分析，可以深入研究问题产生的原因和影响，从而找出问题的根源，并提出相应的解决方案。趋势分析则旨在预测思想变化的发展方向和趋势，为未来的工作提供预防性的措施和策略。这些分析方法的运用需要结合实际情况，确保分析结果的科学性和实用性。

在分析信息的过程中，需要充分考虑环境的影响。国际环境和国内环境的变化都可能对思想问题产生重大影响，因此需要密切关注国际国内形势的变化，及时调整教育工作的方向和策略。同时，对受教育者的思想行为变化方式也要深入研究，包括榜样激励、领导影响和自我转化等方式，以提高思想政治教育的针对性和有效性，推动受教育者思想觉悟的提升。

（三）制定教育方案阶段

经过对信息的仔细分析，高校思想政治教育工作者对思想政治教育问题的性质、类型和范围有了清晰的认识，这为制定教育方案提供了重要的基础。在进入制定思想政治教育方案阶段时，教育工作者需要充分考虑各种因素，以寻找解决问题的最佳途径和方法。

首先，制定教育方案需要从多个角度进行划分。从规模、时间、目标等方面进行划分，有助于确立教育工作的整体框架和目标。规模方面的划分可以根据受教育者的数量和特点进行，以确保教育工作的覆盖面和深度。时间方面的划分则需要合理安排教育工作的时间节点和进度，以保证教育工作的连续性和持续性。目标方面的划分则需要明确教育工作的具体目标和预期效果，以便评估教育工作的实际效果和成效。

其次，制定教育方案必须遵循思想教育的客观规律。思想政治教育具有其特定的规律性和客观性，只有遵循这些规律，才能更好地开展教育工作。在制定方案时，教育工作者需要充分了解受教育者的思想特点和需求，根据实际情况制定相应的教育策略和措施，以提高教育工作的针对性和有效性。

最后，广泛听取各方面的意见也是制定教育方案的重要环节。思想政治教育问题的解决需要各方的共同努力和参与，只有充分听取各方的意见和建议，才能制定出科学、全面、可行的教育方案。在听取意见的过程中，教育工作者需要积极倾听各方的声音，尊重各方的意见，以形成共识，推动教育工作的深入开展。

（四）决断阶段与准备工作

在高校思想政治教育工作中，经过制定教育方案的阶段，接着进入了决断阶段。这一阶段的核心任务是由思想政治教育部门的领导根据各种信息和预测，结合实际情况，在众多方案中选择一个最优方案实施。在进行思想政治教育决策时，领导者需要平衡宏观与微观、全局与局部的关系，综合考虑方案的利弊，以确保决策的科学性和民主性。

领导者在决断阶段需要处理好宏观与微观、全局与局部的关系。宏观上，需要考虑教育工作的整体格局和发展方向，确保方案的一致性和协调性；微观上，则需要关注具体问题的细节和操作性，以保证方案的实施效果和可行性。在全局与局部的关系上，需要在整体方向指导下，结合各个具体环节的情况，进行有针对性的决策，以达到整体目标。

领导者在决策时必须充分考虑方案的利弊，确保决策的科学性和民主性。在选择最优方案时，需要全面评估各种因素，包括教育工作的需要、受教育者的实际情况、资源的投入和预期效果等，以确保方案的科学性和可操作性。同时，还需要充分听取各方的意见和建议，促进决策的民主化和透明化，确保决策的合理性和公正性。

决断阶段之后，立即进行各项准备工作，以确保思想政治教育工作的顺利开展。这些准备工作包括确定教育机关、人员和场所，编写教材，准备教育器材，安排学员的食宿等。这些工作必须细致入微，确保不出任何疏漏。同时，可以通过局部试点来检验方案的可行性，及时调整和完善方案，以提高高校思想政治教育工作的针对性和有效性。

（五）实施并解决问题阶段

在高校思想政治教育工作中，实施教育方案并解决思想问题是其核心环节，需要通过具体的教育活动，直接对受教育者进行思想引导和教育。这一阶段的任务在于根据前期的准备工作，包括发现、分析和制定方案，有针对性地开展思想教育，培养受教育者的思想品德，提高其思想道德水平，从而促进其全面发展。

　　思想政治教育需要关注多种因素的相互影响，包括教育的主体、客体和环境等。主体即受教育者，客体则是思想政治教育的内容和目标，而环境则是指教育活动所处的社会、文化和政治环境。在进行思想政治教育时，需要全面考虑这些因素的影响，以便更好地实现教育目标。另外，思想政治教育也要遵循受教育者思想品德的发展规律，培养其"知、情、意、行"四个方面。其中，"知"指受教育者对思想道德品质的认识水平，是高尚品德和道德行为的思想基础；"情"则指树立深厚的感情，对周围人和事物的态度；"意"是培养受教育者的意志，树立远大理想和坚定信念；"行"则是指具体行动，是知、情、意相互作用的结果。因此，思想政治教育必须全面关注这些要素，采用多种形式的教育活动，丰富教育内容，提高教育效果。

　　在解决问题的过程中，高校思想政治教育工作者需要灵活运用各种教育手段和方法，包括讲座、讨论、研讨会、心理辅导等，以满足受教育者的不同需求和特点。同时，还需要根据具体情况和实际需求，设计和开展一系列有针对性的思想政治教育活动，以提高受教育者的思想认识水平和道德素质，推动其全面发展和成长。

（六）检查总结阶段

　　高校思想政治教育工作的检查总结阶段，承上启下，既是对过去思想政治教育工作的综合评估，也是新一轮思想政治教育工作的准备阶段。此阶段的主要任务在于全面审视思想政治教育计划的执行情况，全面评估思想政治教育的成果与效果，以此为基础，发现问题、总结经验，进而为未来的工作提供科学的指导和依据。

　　检查的标准应当既客观又全面，不仅要关注物质成果，更需关注精神成果。在评估过程中，需要辩证地看待思想政治教育的效果，既要对取得的进步给予肯定和鼓励，也要诚实面对存在的问题和不足，以便及时加以改进和完善。为了确保评估的客观性和科学性，还需要认真听取各方面的意见，深入调查了解实际情况，避免片面性和主观性对评估结果的影响。

在检查总结过程中，评比和抓好典型是推动思想政治教育工作深入开展的重要手段。通过对优秀案例和典型经验的梳理和总结，可以发现成功的经验，汲取宝贵的教训，为今后的工作提供借鉴和启示。同时，必须将这些经验和教训进行系统总结，使之条理化、系统化，并形成制度加以完善，以确保思想政治工作的长远发展和持续改进。

反馈环节是提高思想政治教育科学性和增强教育效果的关键措施。通过及时反馈，可以了解受教育者的真实反应和需求，及时调整教育策略和方法，使思想政治教育更加贴近实际、有效果。同时，还可以激励教育工作者的积极性和创造性，促进教育工作的不断创新和提高。

第二节　高校思想政治教育工作的方法创新

一、高校思想政治教育工作的基本方法

高校思想政治教育的基本方法是在思想政治教育过程中起主导作用、其他方法不可替代的方法。

（一）理论教育方法

高校思想政治教育工作的理论教育方法是确保受教育者思想政治素质培养的重要手段。通过讲解和学习理论知识，这一方法旨在引导受教育者的人生观、世界观和价值观朝着正确的方向发展。理论教育方法的核心在于传授并深化受教育者对理论知识的理解和认识，以确保其思想观念符合社会主义核心价值观和国家发展方向。

首先，理论教育方法的重要性在于理论知识的指导作用。人的思想和理论对其实践活动有着深远的影响，因此正确的思想和理论是引领人们行

为的重要指南。通过理论教育，受教育者能够理解社会规律、历史发展趋势以及人类文明的演进，从而树立正确的世界观和人生观。

其次，理论教育方法是确保受教育者精神力量的重要来源。理论知识不仅是受教育者行为的标准和规范，也是一种精神动力，激励着受教育者积极向上、勇往直前。这种精神力量在实践中得以体现，推动着受教育者为社会进步、人类文明的发展作出积极的贡献。

最后，理论教育方法在思想政治教育中具有不可替代的地位。思想和理论的学习不仅需要在课堂上进行，更需要在实践中得以验证和应用。因此，理论教育方法的实施需要与实践教育方法相结合，共同推动受教育者思想政治素质的全面提升。

（二）实践教育方法

高校思想政治教育工作的实践教育方法是通过有目的、有计划的社会实践活动，提升受教育者的思想意识和实践能力，以培养其正确的人生观、世界观和价值观。实践教育方法的重要性在于通过实践活动，使受教育者深入了解社会环境和客观事物，从而形成正确的思想观念和价值取向。

首先，实践教育方法强调思想与实践的密切联系。人的思想意识存在于其头脑中，受到社会环境和客观事物的影响。正确的思想能够准确地反映社会现实和客观规律，从而指导人们的实践活动。通过参与社会实践活动，受教育者能够亲身感受到社会的多样性和复杂性，从而对社会有更深刻的认识，形成更为科学合理的思想观念。

其次，实践教育方法有助于受教育者树立正确的理想和信念。只有通过亲身参与社会实践，受教育者才能深刻理解社会的发展变化和人类历史的演进，从而树立起对社会主义核心价值观的坚定信念和崇高理想。实践活动可以激发受教育者的积极性和创造性，促使其在实践中不断探索、实践和创新，从而为实现个人价值和社会发展作出积极贡献。

最后，实践教育方法是检验思想和观念正确性的有效途径。只有通过实践活动，受教育者才能真正地检验自己头脑中的观念和主张是否符合实际情况。实践活动能够帮助受教育者认识到自身思想观念的局限性和不足之处，从而及时调整和修正错误观念，提升思想意识和创新能力。

二、高校思想政治教育工作方法的创新发展

当代大学生作为时代的先锋和标杆，他们的身上肩负着我们这个时代的使命，他们对整个时代的发展都有着十分重要的意义。因此，高校思想政治教育应该在时代定位、目标要求和方法手段等诸多方面做出积极的有针对性的应对，其中思想政治教育发挥作用的关键因素是教育方法使用得当。新时代思想政治教育方法的创新，有助于增强思想政治教育工作的实效性，从而为中国特色社会主义事业的发展培养合格的建设者和可靠的接班人。

（一）精细化开展

1.专业化细分

专业化细分在高校思想政治教育工作中扮演着至关重要的角色，它不仅是对工作目标、内容、对象、载体和方法等进行科学分类，更是为了更加有效地开展思想政治教育工作，提升工作的专业性和针对性。专业化细分的实践是多维度的，其中包括工作对象的细分和工作领域的细分。

（1）针对工作对象的细分。在高校思想政治教育工作中，学生是主要的服务对象，而学生群体又具有多样性和差异性。因此，对学生群体进行细致分类，根据其特点和需求，采取有针对性的措施，是工作的关键。这种细分可以从多个维度进行，如学生的年级、特殊需求、经济背景等。对不同年级、不同特质、不同需求的学生，要有针对性地制订工作目标和计划，帮助他们在学习、生活、发展等方面取得更好的成绩和进步。

（2）工作领域的细分。思想政治教育工作内容的丰富性和多样性给教育工作带来了挑战，也为专业化细分提供了契机。教育工作领域的细分可

以涵盖学生党建、心理健康、就业指导、科技创新等多个方面。这些领域的专业化细分有助于辅导员更加有针对性地开展工作，针对性地解决学生在不同领域面临的问题和困惑。比如，针对学生的心理健康问题，可以开展心理咨询和心理辅导活动；针对学生的就业困难，可以提供专业的就业指导和职业规划服务。这种专业化细分能够使思想政治工作更加精细化、专业化，更好地满足学生的需求，推动学生全面成长。

在实践中，要不断完善专业化细分的方法和手段，保持与时俱进，使思想政治教育工作更加科学、专业、高效。同时，要加强对辅导员队伍的培训和引导，提升其专业水平和工作能力，使其能够胜任专业化细分带来的各项工作任务。通过不断地优化和提升工作方式和方法，高校思想政治教育工作将更好地为学生的健康成长和全面发展提供有力保障。

2.坚持问题导向

坚持问题导向是高校思想政治教育工作的重要理念之一，它倡导以学生需求为核心，以解决问题为导向，通过整合共性特征、固化工作机制和实现深度辅导等方式，推动思想政治教育工作的科学发展和专业提升。

（1）以学生需求为核心。思想政治教育工作者应当深入了解学生的需求和问题，将学生的实际困惑作为工作的出发点和着力点。这种以学生需求为核心的思想政治教育理念，实质上是对"以人为本"的深入实践，强调了从学生的角度出发，积极探索解决学生问题的有效途径。通过根据学生的不同特点和需求进行细致分类和分析，思想政治教育工作者能够更好地找出问题的根源，针对性地提出解决方案，从而提高工作的针对性和有效性。

（2）整合共性特征。在工作对象和领域的细分基础上，通过挖掘学生群体和工作领域的共性问题，加强问题分类整理和规律性总结，推动工作的科学发展。这种整合共性特征的做法有助于辅导员更好地把握问题的症结所在，理清解决问题的思路和方法，提高工作的系统性和科学性。

（3）固化工作机制。通过建立健全的工作机制和规章制度，确保工作的规范化、程序化和法治化，从而实现工作的稳定性和持续性。这种固化工作机制的做法有助于解放思想政治教育工作者的思维和精力，让他们能够更加专注于问题的深入研究和解决。

（4）实现深度辅导。通过建立深度辅导的工作模式，加强团队合作，以"兵团作战"的方式对学生进行全方位的辅导和支持，推动工作的深入开展。这种实现深度辅导的做法有助于思想政治教育工作者更加全面地把握学生问题的本质和要求，提高工作的专业水平和实践能力。

3. 多学科协同

所谓协同，指的是系统中各个部分协同工作，协同效应则指复杂系统内各子系统的协同行为产生出的超越自身单独作用而形成的整个系统的聚合作用。随着时代的发展，学生工作的内容越来越丰富，涉及的领域越来越广，思想政治工作日益发展成为多维度、多类型、多层次的有机整体，在解决具体问题时需践行协同育人，要加强多学科支持、多领域知识运用、多资源整合，注重新方法、新技术的运用，将多学科知识、方法、平台、资源予以整合优化。

（1）多资源整合管理。育人工作是一项系统工程，大学人才培养仅依靠单方力量无法实现，更需要高校各方面的共同努力，以及家庭、社会各方资源。当前很多高校都在积极采取措施，努力推动"全员育人"机制的构建，构筑起包括高校党政管理干部、共青团干部、思想政治理论课教师、辅导员、班主任、专业课教师、朋辈等主体共同参与的全员育人格局。每个主体在学生的思想政治教育方面都有自身独特的优势，如第一课堂的专业课教师可以将德育的目的和主题隐含于专业教学中，由说教转变为渗透，实现润物无声。高校应围绕人才培养的核心，充分利用各主体的优势，整合各部门的资源。除了校内资源，校外资源包括家庭、企业、毕业的校友以及社会知名人士、学者等都应该统筹到全员育人的框架里，让各方力量成为思想政治教育的主体，发挥其主观能动性，为学生搭建起和谐的育人环境、校园环境、家庭环境、社区环境、同辈环境等，发挥这些环境的积极作用，为教育工作所用。

（2）多学科工作支持。思想政治教育应该遵循科学性原则，结合教育学、心理学、社会学、管理学等相关学科的科学规律，分析了解学生成长的规律、学生教育的规律以及思想政治教育工作的规律。所以，辅导员开展工作必须依赖于相关知识的积累，辅导员必须获得思想政治教育相关专业科学的专门知识，知识越多，专业性越强。同时，辅导员还必须具备"百科知识"，知识越广博权威性越高，越能获得学生的认同。随着时代的变迁和学生群体特征的变化，学生思想政治教育工作的复杂性和综合性也不断增加。面对一个复杂问题，单纯依靠思想政治教育本身往往无法解决，要善于吸收和借鉴管理学、社会学、法学等领域的研究方法和工作方法，甚至需要社会上专业力量的介入，共同研究解决方案。

（3）跨学科组织应用。如果"多学科支持"强调辅导员"一专多能"的话，那么"跨学科应用"就是强调"团队作战"。借鉴管理学上的"项目管理"理论，思想政治教育工作也可以以任务、项目为导向，组织工作团队，比如近年来很多地方教育主管部门和高校正在努力探索实施的"辅导员工作室""辅导员小组""辅导员梯队"等，就是将不同学科背景、不同工作领域、不同工作经历、不同年龄段的辅导员组合在一起，实现优势互补，从而形成一个跨学科的工作团队。比如在学生危机事件中，既需要心理辅导员，也需要危机公关专业人士，可能还需要法律顾问、网络监管人员等，如果能将具备这些专业能力的辅导员聚集到一起，这样必将极大提升团队的执行力。

（4）新技术手段支撑。思想政治教育的精细化，必须强调科学技术和教育手段的支撑。在技术上，要善于利用新技术和信息手段，使思想政治教育者能够更加全面、深入地把握具体情况，了解学生思想动态，提高思想政治教育的科学性、针对性和时效性。重视信息手段和科学方法的运用，可以为高校思想政治教育提供新的思路和手段。顺应信息化趋势，依托信息科技和新技术，移动终端、电脑以及新媒体等，主动占领新媒体阵地，发挥新技术对思想政治教育的促进作用。如一些高校逐步开发新型移动智能终端平台，整合校园各活动组织方发布信息、管理活动，便于学生获取信息、管理生活和学习。慕课也是目前流行的网络课程，思想政治教育也可以结合慕课或者"微课"的形式，开展灵活新颖的授课或活动。在信息化和大数据时代，搜集整理日常数据，利用专业工具进行数据分析，获得数据背后的信息。利用好大数据分析的方法，能够从大量烦琐的日常工作中获取更多的信息，进而促进工作的科学性。

（二）个性化开展

个性化，是指根据人们个体差异，在大众化的基础上根据个体特质的需要，形成独具一格、别开生面的状态。思想政治教育的个性化，指在对被教育对象进行综合调查、研究、分析、测试、考核和诊断的基础上，根据社会或未来发展趋势和被教育对象的性格、兴趣、爱好、现状、预期等潜质特征和自我期望，量身定制教育目标、教育计划和辅导方案，从而促进被教育对象更好地接受、认同和转化。

当代大学生思维活跃，他们行为的独立性、选择性、多变性、差异性也明显增强。我们要充分认识到这种变化，尊重他们的多样性。由于受到家庭氛围和社会因素等的影响，每个学生的成长轨迹都不尽相同，性格特征、兴趣爱好、行为习惯、价值取向和人生规划等也千差万别。他们既有自己的想法，也有表达自身想法、张扬自身个性的权利。在思想政治教育中，个性化强调具体问题具体分析，而不是按照一个模式、一种方法来开展工作；强调了解当前学生自身发展的新期待、新需求，承认学生的个体差异，尊重学生的个体需求，发掘学生的个性潜能，注重学生的个性弘扬，开展分类指导，提高思想政治教育的实效。

1. 尊重主体精神

教育，包括思想政治教育，归根到底是一种人参与的活动，参与其中的人就是主体。强调思想政治教育的个性化发展，首先，要强调和凸显参与其中的主体的主体性，也叫主体精神。在中国语境中，主体性、主体精神、主体地位、主体价值这些词往往是同义或者近似的，都强调对主体的尊重，强调发挥主体的能动作用。人可以有意识、有目的地支配自然和驾驭万物来满足人类社会物质的、精神的和发展的需求，所以说人是主体。因为人能从事体力与脑力劳动等各种社会活动，所以人能支配客体。在思想政治教育活动中，主体有学校、教师、学生、家长、社会等，而其中发生相互作用最多的无疑是教师和学生这两个主体，在高校日常思想政治教育活动中，"教师"群体中最直接也最主要的是辅导员，所以，强调高校思想政治教育工作的主体性，就是强调要发挥大学生和辅导员的主体性。

高校思想政治教育中，强调主体精神，就是强调辅导员和大学生都要积极发挥主观能动性，意识到自我的主体参与，积极创造条件完成思想政治教育这一实践活动。需要指出的是，传统的强调"主体精神"往往单指尊重学生的主体精神，而不是教师即辅导员的主体精神，似乎辅导员天然就是主体，自然而然就会发挥主体作用，其实不然。在当前高校思想政治教育日趋繁重、日益多样化和专业化、精细化的情况下，不仅要强调大学生的主体精神，也要强调辅导员的主体精神。

（1）尊重和发挥大学生主体精神。尊重和发挥大学生主体精神是思想政治教育活动中的重要理念，体现了对学生个体的尊重和重视。主体性理论强调个体在教育活动中的积极参与和创造性表现，这对于提高教育活动质量具有重要意义。在实践中，强调大学生的主体精神，不仅是为了唤起他们的自主意识，更是为了激发其参与教育过程的积极性和创造性。

首先，主人翁意识在高校思想政治教育中具有重要意义。主人翁意识的觉醒推动了个体和社会的发展，而教育则是主体性生成和发展的重要途径。在思想政治教育中，调动大学生的主体意识，让他们意识到自己不仅是被教育者，更是教育活动的实施者和推动者，这是至关重要的。通过唤起大学生的主体意识，可以实现教育者与受教育者之间的平等交流，促进信息和情感的交流，从而达到教育目的。

其次，积极性是尊重和发挥大学生主体精神的重要方面。在实践中，一些大学生可能存在消极应付教育的心态，这对于思想政治教育的效果和质量构成了威胁。因此，调动大学生参与思想政治教育的积极性至关重要。通过提高教育活动的吸引力、创新工作载体、维持成就感等方式，可以激发大学生的积极性，提高他们参与教育活动的热情和投入度。

最后，创造性是尊重和发挥大学生主体精神的重要表现之一。教育活动不应该仅仅是知识的传授和技能的培养，更应该是一个激发创造力和创新精神的过程。大学生不仅应该参与教育活动，还应该在其中发挥创造性，为教育活动的改进和创新贡献力量。例如，在信息化、网络化时代，大学生可以通过新媒体平台等方式参与思想政治教育工作，为教育活动的传播和创新提供支持。

（2）尊重和发挥辅导员的主体精神。辅导员作为高校思想政治教育工作的主要实施者，其职责包括指导学生的学业生活、解决学生的心理困扰、引导学生的思想发展等方面。这一工作的复杂性和涵盖范围使辅导员的工作具有一定的主观性和个性化特点。尊重和发挥辅导员的主体精神，是当前高校思想政治教育工作中的现实需求，这一需求主要在于积极鼓励辅导员的专业化发展以及为其个性化工作提供保障。

首先，积极鼓励辅导员专业化发展是尊重和发挥其主体精神的重要举措。随着高校思想政治教育工作的不断深入和专业化程度的提高，辅导员在某一领域或板块的专业化水平日益受到重视。在这一背景下，辅导员应被鼓励不断钻研、精益求精，以提高自身在特定领域的专业水平。这需要辅导员具备一定的主动性和积极性，将工作压力转化为自我学习提升的动力，从而在专业化发展过程中实现个体价值的提升。

其次，为辅导员个性化开展工作提供保障是尊重和发挥其主体精神的另一重要方面。个性化工作需要在制度和氛围上得到充分的支持和保障。例如，可以建立资金和物资保障机制，确保辅导员在开展个性化工作时有足够的资源支持。更重要的是，应营造鼓励辅导员创新的氛围和制度设计，例如通过评选表彰的形式激励辅导员积极开展工作创新。这种机制可以促进辅导员的工作活力，推动学生工作不断涌现新的亮点和特色，从而提升思想政治教育工作的整体效果。

2. 尊重个体差异

在高校思想政治教育工作中，尊重个体差异是人本主义教育思想的重要体现。从正视学生个体差异和体现层次差别两个方面来看，尊重个体差异的实践需要思想政治教育工作者以更加全面、系统的方式来对待学生的个性化需求。

（1）正视学生个体差异意味着要准确把握每个学生的特点和差异，并根据其不同的背景和需求采取相应的教育措施。在当代大学生群体中，尽管存在一定的共性特征，如思想活跃、主体意识强等，但也有着明显的个体差异，这体现在学生的家庭背景、兴趣爱好、学习能力等方面。因此，辅导员需要正视这些差异，将学生视作独立的个体，而不是一概而论地对待整个群体。只有这样，才能更好地因材施教，帮助每个学生实现个性化的成长和发展。

正视学生个体差异还要求思想政治教育工作者能够包容学生的缺点和不足，并给予适当的帮助和指导。每个学生都有优点和长处，但也难免存在不足。在教育过程中，辅导员应以包容的态度对待学生的不足，并通过指导和鼓励，帮助他们改正错误，提升自我。同时，也要积极弘扬学生的优点和长处，激发其发展潜力，促进其更好地成长。

（2）体现层次差别是尊重个体差异的另一方面。由于每个学生的人生目标和成长需求不同，思想政治教育工作者应该根据学生的个体差异，为他们设计不同层次的教育目标和内容。例如，对于喜爱科研和钻研的学生，可以鼓励其在科技创新方面取得更多的成就；对于学习成绩优异、有出国深造愿望的学生，可以提供相应的支持和指导，帮助他们实现自己的梦想。

在目标设计方面，也应体现层次差别。对于学习成绩优异、有强烈求知欲望的学生，可以设定更高的目标，鼓励其在学术研究领域有所突破；对于学习成绩一般、但具有较强领导能力的学生，可以注重培养其组织协调和领导能力，为其未来的发展打下良好的基础。

第三节　高校思想政治教育工作的模式优化

一、优化思想政治课程体系

高校思想政治课程体系是培养学生思想道德素质和政治觉悟的核心环节。在新时代背景下，优化思想政治课程体系不仅是高校思想政治教育工作的重点任务，也是提升学生综合素质的重要途径。

（一）丰富课程内容

丰富课程内容是优化思想政治课程体系的基础和前提。当前，思想政治理论课程在内容设置上存在一定的单一性和重复性，难以充分激发学生的学习兴趣和参与热情。因此，需从以下方面进行改进：

首先，加强理论与实践的结合。理论课程应涵盖马克思主义基本原理、毛泽东思想和中国特色社会主义理论体系、习近平新时代中国特色社会主义思想等内容，但应注意与实际生活和社会现象紧密结合。通过引入实际案例、对社会热点问题和国家重大政策进行解读等，使理论教学更具针对性和时效性，帮助学生理解理论教学的现实意义和应用价值。

其次，增加跨学科内容。在课程内容上，应适当引入哲学、历史、政治学、经济学、社会学等学科的知识，形成跨学科的综合课程体系。通过跨学科内容的融合，不仅可以拓宽学生的知识面，还能培养其综合分析和解决问题的能力。例如，在讲授中国特色社会主义经济理论时，可以结合经济学的基本原理和全球经济形势进行阐述，使学生更好地理解我国经济发展的成就和挑战。

最后，注重文化自信教育。思想政治课程应加强中华优秀传统文化、革命文化和社会主义先进文化的教育，增强学生的文化自信。在课程设计中，可以引入古代经典文献、红色经典故事和当代中国的文化成就，通过多样化的文化素材，激发学生对中华文化的热爱和认同感。

（二）创新教学方法

创新教学方法是优化思政课程体系的重要手段。传统的教学方法多以灌输式、单向式为主，难以充分调动学生的主动性和创造性。为提升教学效果，应积极探索和运用多样化、互动性强的教学方法。

首先，采用案例教学法。案例教学法是一种通过具体案例来阐述理论、分析问题和解决问题的教学方法。在思想政治课程中，可以选取具有典型意义的社会现象、历史事件和人物故事作为教学案例，引导学生进行分析和讨论。例如，在讲授社会主义核心价值观时，可以结合具体的社会道德事件，通过案例分析帮助学生理解和认同核心价值观的内涵和意义。

其次，运用情景模拟法。情景模拟法是一种通过模拟实际情景来进行教学的方式。在思政课程中，可以设计各种模拟情景，如模拟联合国大会、模拟社会调研、模拟政策制定等，通过角色扮演和互动活动，增强学生的参与感和体验感。

最后，引入翻转课堂模式。翻转课堂是一种将传统课堂教学结构进行颠倒的教学模式，即将知识传授放在课前，课堂上主要进行知识应用和讨论。在思政课程中，可以通过网络平台发布课前学习材料，如视频讲解、文献阅读等，要求学生课前自主学习，课堂上则通过小组讨论、案例分析和实践活动，进行知识的应用和深化。例如，在讲授社会主义市场经济理论时，可以先让学生自主学习相关理论知识，课堂上通过模拟市场交易和经济政策制定，帮助学生更好地理解和掌握理论知识。

（三）加强实践教学

加强实践教学是优化思政课程体系的关键环节。理论与实践相结合，是提高思政课程实效性的有效途径。通过多种形式的实践教学，可以帮助学生将理论知识转化为实际能力，增强其社会责任感和实践能力。

首先，开展社会实践活动。社会实践是思政课程的重要组成部分，通过深入社会实际，学生可以更好地理解和运用所学的理论知识。高校应组织和引导学生参加各种形式的社会实践活动，如志愿服务、社会调研、公益活动等。例如，在寒暑假期间，可以组织学生到农村、社区和企业进行调研，了解社会发展的实际情况，体验基层工作的艰辛和成就，从而增强对中国特色社会主义的认同感和使命感。

其次，建设稳定的实践基地。实践基地是学生进行社会实践的重要平台。高校应积极与地方政府、企事业单位和社会组织合作，共建一批稳定的思想政治教育实践基地。这些基地应具备良好的实践条件和指导力量，能够为学生提供丰富的实践机会和指导。例如，可以与革命纪念馆、爱国主义教育基地等合作，定期组织学生前往参观学习，通过实地考察和互动体验，增强学生的爱国情怀和历史责任感。

最后，推行实践教学课程化。实践教学课程化是将社会实践活动纳入课程体系的重要措施。高校应设置专门的实践教学课程，将实践活动与学分挂钩，形成系统化的实践教学体系。在课程设置上，可以根据不同年级和专业的特点，设计不同层次和内容的实践课程。例如，低年级学生可以参加校内外的志愿服务活动，高年级学生可以进行社会调研和实习实践，通过逐步递进的实践课程，帮助学生不断提升实践能力和综合素质。

二、丰富校园文化建设

高校校园文化建设在学生的全面发展中起着至关重要的作用。一个丰富多彩的校园文化环境，不仅能培养学生的审美情趣、文化素养，还能提升学生的思想道德素质和综合能力。新时代高校应通过多样化活动形式和增强学生参与度来丰富和优化校园文化建设。

（一）多样化活动形式

多样化活动形式是丰富校园文化建设的重要途径。丰富多彩的文化活动能够激发学生的兴趣，增强他们的参与热情，并促进他们在活动中获得成长和发展。具体而言，校园文化活动的多样化可以从以下方面进行：

首先，开展学术文化活动。学术文化活动是高校文化建设的重要内容，通过举办各种学术讲座、学术沙龙和学术竞赛，可以营造浓厚的学术氛围，激发学生的学术兴趣和创新精神。例如，可以邀请知名学者、专家来校进行专题讲座，探讨前沿科学技术和社会热点问题；组织学生参与学术沙龙，进行学术交流和思维碰撞；开展学术论文竞赛、辩论赛等，培养学生的科研能力和批判性思维。

其次，开展艺术文化活动。艺术文化活动能够丰富学生的精神生活，提升他们的艺术修养和审美能力。高校可以通过组织各种形式的文艺演出、艺术展览和艺术节活动，促进学生在艺术领域的实践和创造。例如，可以举办校园音乐会、戏剧表演、舞蹈比赛等，展示学生的艺术才华；组织书画展览、摄影比赛等，鼓励学生用艺术的方式表达自我；开展校园艺术节，集中展示学生的艺术作品和才艺，营造浓厚的艺术氛围。

再次，开展体育文化活动。体育文化活动是提高学生身体素质和培养团队精神的重要途径。高校应通过多样化的体育活动，增强学生的体质，促进他们的全面发展。例如，可以定期举办校园运动会，设立多种体育项目，鼓励学生积极参与；组织各类体育俱乐部和社团活动，如篮球、足球、羽毛球等，丰富学生的课余生活；开展健身活动和户外运动，如健身操、登山、远足等，培养学生的健康生活方式。

最后，开展社会文化活动。社会文化活动是学生了解社会、服务社会的重要途径。高校应鼓励学生积极参与社会实践和志愿服务，通过实际行动践行社会主义核心价值观。例如，可以组织学生到社区进行文化宣传、教育辅导等志愿服务活动，增强学生的社会责任感和服务意识；开展环保宣传、公益募捐等活动，培养学生的公民意识和社会责任感；组织学生参与校外文化交流活动，如参观博物馆、纪念馆等，拓宽学生的文化视野，增强他们的文化认同感。

（二）增强学生参与度

增强学生参与度是丰富校园文化建设的关键。只有学生积极参与校园文化活动，他们才能真正体验到活动的乐趣和意义，取得实际的成长和进步。增强学生参与度可以从以下方面入手。

首先，注重活动的趣味性和互动性。趣味性和互动性是吸引学生参与的重要因素。在设计和组织校园文化活动时，应充分考虑学生的兴趣和需求，设计出形式新颖、内容丰富、互动性强的活动。例如，在开展学术讲座时，可以设置互动环节，鼓励学生提问和讨论；在组织文艺演出时，可以邀请学生参与节目编排和表演，增强他们的参与感和成就感；在举办体育比赛时，可以设计团队合作项目，培养学生的团队精神和合作能力。

其次，加强活动宣传和动员。有效的宣传和动员是提高学生参与度的前提。高校应利用各种媒体平台，如校内广播、校报、官方网站、微信公众号等，广泛宣传校园文化活动的信息，吸引学生的关注和参与。同时，可以通过班级、宿舍等组织形式，发动学生积极参与，形成良好的宣传和动员机制。例如，在组织校园艺术节时，可以通过校内外媒体广泛宣传，吸引更多学生和观众参与；在开展社会实践活动时，可以通过班级动员会、宿舍联络员等方式，激发学生的参与热情。

再次，提供充足的资源和支持。资源和支持是保障校园文化活动顺利开展的重要因素。高校应在资金、场地、设备等方面给予充分的支持，确保活动的顺利进行。例如，在组织大型文艺演出时，应提供专业的舞台、灯光和音响设备，确保演出的质量和效果；在开展体育比赛时，应提供充足的运动器材和场地，保障比赛的顺利进行；在开展社会实践活动时，应提供必要的交通工具和安全保障，确保学生的安全并顺利完成任务。

最后，建立激励机制和评价体系。激励机制和评价体系是增强学生参与度的重要手段。高校应建立健全的激励机制和评价体系，对在校园文化活动中表现优秀的学生和团队给予表彰和奖励，激发学生的参与热情和积极性。例如，可以设立"校园文化活动积极分子"评选，对积极参与和组织文化活动的学生进行表彰；在学术竞赛、文艺演出、体育比赛等活动中，设置奖项和荣誉称号，激励学生的参与和竞争；通过量化评价和反馈机制，及时总结和改进活动组织和实施，提升活动的质量和效果。

三、强化实践育人体系

高校实践育人体系是学生全面发展的重要组成部分，通过理论与实践的紧密结合，能够有效提升学生的综合素质和社会适应能力。强化实践育人体系，需要从系统化开展社会实践活动和建设稳定的实践基地两个方面入手，通过多种形式的实践活动和完善的实践基地建设，培养学生的实践能力、创新精神和社会责任感。

（一）系统化开展社会实践活动

系统化的社会实践活动是实践育人体系的重要内容，是学生走出校园、走向社会的重要途径。高校应通过设计和组织系统化、层次化、多样化的社会实践活动，使学生在实践中受教育、长才干、作贡献。

首先，设计多层次的实践活动体系。根据学生的不同年级和专业特点，设计不同层次和内容的社会实践活动，确保实践活动的系统性和连续性。例如，可以将社会实践活动分为初级、中级和高级三个层次，分别对应不同年级的学生。对于低年级学生，可以设计一些基础性、体验性的实践活动，如社区服务、校园义务劳动等，让学生初步接触社会、了解社会。对于中年级学生，可以设计一些应用性、调研性的实践活动，如社会调查、企业参观等，培养学生的社会调查能力和应用知识能力。对于高年级学生，可以设计一些专业性、创新性的实践活动，如专业实习、创新创业项目等，帮助学生将专业知识与社会实际相结合，提升其专业能力和创新能力。

其次，组织多样化的实践活动形式。实践活动的形式应多样化，以满足不同学生的兴趣和需求，提高学生的参与度和实践效果。例如，可以组织学生参与志愿服务、社会调研、专业实习、创新创业、文化交流等多种形式的实践活动。志愿服务可以包括社区服务、环境保护、扶贫帮困等，通过服务社会，增强学生的社会责任感和奉献精神。社会调研可以包括市场调查、政策研究、民情调研等，通过实际调查，培养学生的调查研究能力和解决问题的能力。专业实习可以安排学生到相关企事业单位实习，通过实际工作，提升学生的专业技能和职业素养。创新创业可以鼓励学生参与创业项目，培养他们的创新精神和创业能力。文化交流可以组织学生参加国内外的文化交流活动，拓宽他们的国际视野和文化认知。

最后，建立完善的实践活动管理机制。为了确保社会实践活动的顺利开展和实际效果，高校应建立完善的管理机制，对实践活动进行科学管理和有效监督。例如，可以成立专门的实践育人工作小组，负责实践活动的组织、协调和管理。制定详细的实践活动计划和实施方案，明确实践活动的目标、内容、时间、地点和参与人员等。加强对实践活动的指导和监督，确保实践活动的安全性和有效性。建立实践活动的评估和反馈机制，对实践活动进行定期评估，总结经验和不足，及时改进和提升实践活动的质量和效果。

（二）建设稳定的实践基地

建设稳定的实践基地是强化实践育人体系的重要保障。稳定的实践基地可以为学生提供丰富的实践资源和良好的实践环境，确保实践活动的长期性和持续性。

首先，多方合作共建实践基地。高校应积极拓展社会资源，与地方政府、企事业单位、社会组织等多方合作，共同建设实践基地。例如，可以与地方政府合作，建立地方特色的实践基地，如乡村振兴基地、社区服务基地等，提供学生参与社会实践的机会。可以与企事业单位合作，建立专业对口的实践基地，如企业实习基地、科技创新基地等，为学生提供专业实习和创新创业的资源。可以与社会组织合作，建立公益服务的实践基地，如志愿服务基地、环境保护基地等，提供学生参与社会服务和公益活动的平台。

其次，确保实践基地的质量和稳定性。在选择和建设实践基地时，应注重基地的质量和稳定性，确保基地能够长期提供高质量的实践资源和实践机会。例如，应选择那些有良好社会信誉、稳定经营状况和较强社会责任感的企事业单位作为实践基地，确保学生在基地的实践活动能够得到有效的指导和支持。应选择那些有丰富实践资源、良好管理机制和较强创新能力的社会组织作为实践基地，确保学生在基地的实践活动能够得到充分的锻炼和提升。

第四节　高校思想政治教育工作队伍的建设

一、高校思想政治教育工作队伍的内涵及特点

（一）高校思想政治教育工作队伍的内涵

高校思想政治教育工作是党领导高校工作的具体体现，是将全面从严治党向基层延伸的重要抓手。[1]高校思想政治教育工作队伍是由专职人员和兼职人员共同组成的系统性团队，其作用在于全面推进大学生的思想政治教育，培养具备全面素质的社会主义合格建设者和接班人。这一队伍包括学校的党政干部、思想政治理论课教师、哲学社会科学教师、辅导员和班主任，以及广大教职员工，每一部分都在思想政治教育中承担着不可或缺的角色。

专职人员主要包括学校分管思想政治教育工作的党委副书记、学生工作部（处）工作人员、院（系）党总支副书记、团总支书记和学生政治辅导员等。这些人员不仅负责日常的思想政治教育，还需要承担"两课"[2]或其他相关课程的教学及科研工作。他们是学校思想政治教育工作的核心力量，负责具体的实施和监督，确保思想政治教育工作的各项任务得以有效落实。兼职人员则是从教师、研究生和高年级大学生中选拔出来的，他们在完成自身学业的同时，兼任班主任、导师或学生政治辅导员。这种专兼

---

[1] 康娜，马立民.全面从严治党视域下加强和改进高校思想政治教育工作的思考 [J].学校党建与思想教育，2022（18）：60-63.

[2] "两课"指我国现阶段在普通高校开设的马克思主义理论课和思想政治教育课。

结合的模式，不仅扩充了思想政治教育队伍的规模，还带来了多元化的教育视角，有利于更好地理解和回应学生的思想动态和个体需求。

学校党政干部和共青团干部是高校思想政治教育的领导者和管理者。高等学校实行党委领导下的校长负责制，党委负责统一领导高校思想政治教育工作，制定总体规划和部署安排，并对学生思想状况和教育成效进行分析和评估。校长则负责统筹学校各项工作，确保思想政治教育与教学、科研、社会实践等各项任务相互协调，全面推进学生的综合素质发展。党政干部和共青团干部在思想政治教育中发挥着宏观规划、组织协调和督导的作用，确保教育工作方向正确、措施得力。

思想政治理论课教师在高校思想政治教育中具有关键地位，他们承担着系统教授马克思主义理论和党的路线方针政策的任务，是社会主义意识形态的传播者和守护者。这些教师不仅需要具备扎实的理论基础和科研能力，还要不断提高教学水平，做到教书育人、为人师表。他们的工作直接关系到大学生世界观、人生观和价值观的树立，对于培养具有坚定理想信念的社会主义接班人起着至关重要的作用。

辅导员和班主任作为高校教师队伍的重要组成部分，是德育工作的骨干力量。他们不仅负责学生的日常管理，还肩负着思想引导和心理疏导的重任，是学生健康成长的指导者和引路人。加强辅导员和班主任队伍建设，是确保高校思想政治教育有效实施的重要保障，需要在制度、资源和培训等方面给予充分支持，增强他们的专业素质和工作能力。

广大教职员工在思想政治教育中也承担着重要责任。制定完善的规章制度和政策，明确各自的职责任务和考核办法，有助于形成教书育人、管理育人、服务育人的良好氛围和工作格局。教师应以高尚的师德和扎实的业务水平，爱岗敬业，教书育人，为人师表，以良好的思想政治素质和道德风范影响和教育学生。学校管理工作应体现育人导向，通过严格的日常管理和行为规范教育，帮助学生养成良好的行为习惯。后勤服务人员则应努力提供优质服务，为学生的学习和生活创造良好条件，使学生在潜移默化中受到思想政治教育的影响。

（二）高校思想政治教育工作队伍的特点

高校思想政治教育队伍建设旨在加强和改进高校思想政治教育，具有明确的目的性、较强的综合性、突出的专业性和深刻的实践性等特点。

1. 目的性

作为承担高校思想政治教育主要力量的高校思想政治教育队伍，其队伍建设的主要目的就是要促进大学生思想政治水平的提高，培养德育为先、德智体美全面发展的中国特色社会主义事业的合格建设者和可靠接班人。高校思想政治教育队伍建设紧紧围绕这一目的展开，只有通过队伍建设，才能切实提高队伍成员的素质、能力和工作效率，更有效地教育和影响大学生，解决部分大学生中存在的政治信仰迷茫、理想信念模糊、价值取向扭曲、诚信意识薄弱、社会责任感缺乏、艰苦奋斗精神淡化、团结协作观念较差、心理素质欠佳等问题，从而提升大学生的政治素养、思想水平和心理素质，促进大学生全面发展，为中国特色社会主义事业培养坚实的后备力量。

2. 综合性

就学校党政干部和共青团干部、思想政治教育理论课教师和哲学社会科学课教师、辅导员和班主任这三支高校思想政治教育队伍来说，开展高校思想政治教育工作，任何一支队伍单兵作战都是不科学的，不能达到思想政治教育的综合效果。因此，高校思想政治教育队伍建设的综合性就是指三支主体队伍职能的综合性。在队伍建设的过程中，要充分考虑到各队伍的优势和不足，进行资源合理优化配置，促进三支队伍相互配合、相互作用，形成高校思想政治教育的强大合力。

此外，高校思想政治教育队伍建设要在马克思主义指导下以思想政治教育为核心学科依托，但是仅仅掌握思想政治教育学科的理论是远远不能适应高校思想政治教育的发展和需要的，这就要求结合其他相关学科，例如教育学、心理学、政治学、社会学、伦理学、管理学、组织行为学的相关理论，综合进行建设。

3. 专业性

高校思想政治教育队伍建设的专业性主要表现在队伍成员的政治素养和角色定位方面。

（1）队伍成员要具有较高的政治素养。高校思想政治教育队伍承担着宣传马克思主义理论和党的路线方针政策，传播社会主义意识形态和精神文明，用马克思主义中国化的最新理论成果武装大学生、用优秀文化培育大学生的主要任务。这就要求高校思想政治教育队伍成员必须具有坚定正确的政治方向，必须有坚定的理想信念。思想政治理论课教师是高等学校教师队伍的一支重要力量，是党的理论、路线、方针、政策的宣讲者，是大学生健康成长的指导者和引路人。

（2）队伍成员要具有明确的角色定位。三支主体队伍中，学校党政干部和共青团干部负责领导、组织、协调；思想政治理论课教师和哲学社会科学课教师负责对基本理论、知识的传递和培养，是一种显性教育；而辅导员和班主任主要负责日常的思想政治教育工作，在对学生活动的组织、学生生活的关怀和学生就业的指导中展开工作，对学生产生潜移默化的影响。明确角色定位，才能明确工作职责范围，做到术业有专攻。

4. 实践性

实践的观点是马克思主义首要的和基本的观点。实践是认识的基础，是认识的来源，实践是检验认识正确与否的唯一标准。高校思想政治教育队伍建设是在深刻的实践基础上进行的活动。

（1）队伍建设来源于实践。正是由于高校思想政治教育实践的不断发展，与之相适应才产生了高校思想政治教育队伍建设。

（2）队伍建设服务于实践。高校思想政治教育队伍建设的直接目的是更好地服务于高校思想政治教育的实践，从而增强教育的实效性，切实提高大学生的思想政治水平。

（3）队伍建设接受实践的检验。高校思想政治教育队伍理论建设的成效如何，不是由队伍成员主观来评判的，最终还是要由思想政治教育的实践来检验。

（4）高校思想政治教育队伍活动本身就是一种实践。党政团干部的决策实施工作是实践，思想政治理论课和哲学社会科学课教师的教学活动也是实践，而辅导员和班主任作为日常思想政治教育的骨干，需要经常与学生沟通交流，组织开展各类活动，他们的工作更是一种实践。

二、高校思想政治教育工作队伍建设的内容体系

高校思想政治教育队伍建设是高校思想政治教育工作的重要组成部分，其内容体系涉及思想建设、组织建设、业务建设、作风建设和制度建设五大方面。每一方面都对提升高校思想政治教育工作的整体水平和实际效果具有重要意义，是确保高校思想政治教育工作科学化、规范化、长效化的必要条件。

（一）思想建设

思想建设是高校思想政治教育队伍建设的核心。思想素质的高低直接影响思想政治教育的效果。因此，思想建设的重点在于坚持科学的指导思想，加强理论学习和社会实践，提升队伍成员的思想水平。高校思想政治教育队伍应坚持以中国特色社会主义理论体系为指导，增强中国特色社会主义道路自信、理论自信、制度自信、文化自信，坚定社会主义办学方向，坚决拥护中国共产党的领导。同时，要坚持以人为本，做到"育人为本，德育为先"。通过外部灌输和自我修养，思想政治教育队伍成员应不断提升自身的理论素养和思想境界，形成正确的世界观、人生观和价值观，成为大学生思想政治教育的表率。

（二）组织建设

组织建设是高校思想政治教育队伍建设的重要基础。健全、稳定、合理的组织结构是保证思想政治教育工作顺利开展的前提。高校思想政治教育队伍的组织建设应按照专职为主、专兼结合、数量充足、相对稳定、合

理流动、团结高效的原则，进行合理配置和有效管理。通过科学选聘、系统培养和严格管理，确保各类人员的配备到位，形成一支结构合理、素质优良的思想政治教育队伍。此外，要充分发挥党政干部和共青团干部的组织、协调和领导作用，保证队伍的持续发展和后继有人，确保思想政治教育工作的连续性和稳定性。

（三）业务建设

业务素质是思想政治教育者开展工作的基本条件。高校思想政治教育队伍的业务建设主要包括对成员的培养培训，旨在提高他们的专业能力和综合素质。通过脱产学习、岗位轮换、出国学习考察、挂职锻炼和参加社会实践活动等形式，切实提升队伍成员的实际工作水平和工作能力。特别是要加强语言表达能力、处理危机能力、随机应变能力以及教学科研能力的培养，使他们能够更好地应对和解决在思想政治教育工作中遇到的各种复杂问题，提升工作的实际效果。

（四）作风建设

作风建设是高校思想政治教育队伍建设的重要内容。思想政治教育者应坚持解放思想、实事求是、理论联系实际的工作作风，做到贴近实际、贴近生活、贴近学生。在日常工作、学习和生活中，经过有组织的教育、培养、锻炼和管理，形成正确的思想作风、积极向上的学风、扎实的工作作风和良好的生活作风。作风建设要求思想政治教育队伍成员在工作中严格自律，以身作则，树立良好的道德形象和工作风范，成为学生学习和生活的榜样。

（五）制度建设

制度建设是高校思想政治教育队伍建设的根本保障。要制定和完善适应高校思想政治教育队伍建设和发展的法律法规、方针政策和规章制度体系。通过建立科学合理的选拔、培训、管理、激励和保障制度，确保思想政治教育队伍建设有法可依、有章可循，形成长效机制，实现制度化、规范化和科学化。在制度建设中，要注重制度的系统性和可操作性，使各项制度能够真正落到实处，发挥实际作用，为思想政治教育工作提供强有力的制度保障。

三、高校思想政治教育工作队伍建设的路径探索

（一）加强理论课教师队伍建设

思想政治教育课教师是高校思想政治教育工作的主力军，是新时代高校思想政治教育的主要力量。现阶段高校思想政治教育的责任重、挑战大，给思想政治教育课教师带来了极大的考验。高校作为青年思想政治教育的主阵地，要从"讲政治"的高度，提高教师专业素养，切实抓好思想政治理论课建设，充分发挥思想政治理论课在高校思想政治教育中的主渠道、主阵地作用。

1. 加强教师自身素质

加强教师自身素质，是高校思想政治教育工作的重要组成部分。教师作为高校思想政治教育的引路者和传播者，其自身的道德修养和理论素养直接影响着教育的效果和学生的成长。因此，加强教师自身素质，既是提升思想政治教育质量的内在要求，也是实现育人目标的关键。

（1）道德修养的提升。思想政治教育课教师必须具备高尚的道德修养，这是其开展教育工作的基础。教师的价值观、政治立场和道德行为在潜移默化中对大学生产生深远影响。教师必须以身作则，规范自己的行为，成为学生的表率。通过自身的品德修养、实践经验和人生阅历来感染学生，教师才能成为有温度、有影响力的思想政治教育者。高校应当树立典型，通过宣传先进教师的事迹，激励其他教师不断提升道德修养，同时让学生看到身边的榜样，从而在思想和行为上得到积极引导。

（2）理论素养的提升。马克思主义理论是不断发展的，因此思想政治教育课教师必须持续学习，不断更新知识储备，提升认知水平和理论水

平。教师应及时领会新观点、新思想、新理论，准确把握新形势下的方针政策，远离低级趣味，抵制歪风邪气。通过不断学习新业务、新知识，提升政治素养和教学水平，教师才能真正做到学习好、贯彻好、落实好。为此，教师应积极参加符合自身研究方向和学科特点的培训班、进修班，认真学习党和国家的方针政策以及重要历史节点上的国家领导人的重要讲话，更新和丰富自己的知识体系，增强驾驭知识的能力。同时，教师应采用科学合理的教学方法，将所学的新知识及时传播到课堂中去，使教学内容始终保持新鲜度和吸引力。

（3）教学能力的提升。在社会转型时期，多元文化对当代大学生的价值观产生了深刻影响。为了有效提升大学生的理想信念，教师应注重将教育内容与时代主题相结合，确保教育内容能够吸引学生的注意力。教师应以时代主题为切入点，激励大学生，帮助他们树立正确的理想信念，勇于逐梦。

（4）专业知识的拓展。教师的专业知识是其开展思想政治教育的基础。思想政治教育课教师不仅要具备扎实的马克思主义理论功底，还应不断拓展知识面，增强综合素质。通过系统的学术研究和实践，教师应不断提升自己的专业水平和科研能力。同时，教师应注重跨学科知识的学习和应用，将多学科的知识融会贯通，提高教学的深度和广度。教师应积极参与学术交流，了解学科前沿动态，掌握最新研究成果，不断充实和更新教学内容，使思想政治教育更加具有时代性和前瞻性。

（5）科研能力的提升。高校思想政治教育课教师不仅是知识的传播者，也是科研的探索者。教师应注重科研能力的提升，通过开展科学研究，不断深化对马克思主义理论和思想政治教育规律的认识。教师应积极申报科研项目，参与学术研讨，发表高水平学术论文，推动学科发展。同时，教师应注重科研与教学的结合，通过科研反哺教学，将最新的研究成果应用到教学中，提高教学的科学性和实效性。

（6）实践能力的提升。思想政治教育不仅是理论的教育，也是实践的教育。教师应注重自身实践能力的提升，通过深入社会实践，了解社会现实，掌握第一手资料。教师应积极参与社会服务，了解学生的实际需求和思想状况，有针对性地开展教育工作。通过社会实践，教师不仅可以丰富教学内容，提高教学的实效性，还可以增强自身的社会责任感和使命感，成为学生的榜样和引路人。

（7）信息素养的提升。在信息化时代，信息素养成为教师的重要素质之一。思想政治教育课教师应具备较高的信息素养，善于利用现代信息技术开展教学。教师应熟练掌握各种信息工具，利用互联网、数字化资源等，丰富教学手段和教学内容。通过信息技术的应用，教师可以提高教学的互动性和参与度，增强教学的吸引力和实效性。同时，教师应具备信息安全意识，保护学生的信息安全，营造健康的网络环境。

2.优化教师队伍结构

优化教师队伍结构是高校思想政治教育工作的重要任务之一，对于提升教育教学质量、培养合格人才具有重要意义。在构建"专业精、业务熟、素质尖、水平高"的思想政治教育课教师队伍过程中，需从多个方面进行综合考量和采取有效措施。

（1）招聘与选拔。在招聘新教师时，高校应综合考虑候选人的毕业院校、专业水平、工作经验和年龄结构等因素，以确保招聘到具有较高学术水平和丰富教学经验的教师。适当提高招聘门槛，有助于吸引更多高水平的应聘者，为构建高水平的教师队伍奠定基础。

（2）老、中、青教师比例的合理配置。在教师队伍结构上，要合理安排老、中、青教师的比例。老教师具有丰富的教学经验，但可能存在教学方法相对陈旧的问题，难以适应新媒体时代的教学需求。因此，应加强对老教师的继续教育和培训，提升其创新能力和现代教学手段的运用水平。对于青年教师，虽然他们具有较强的创新能力和现代教学手段的应用能力，但缺乏足够的教学经验和理论水平。因此，高校应组织适合青年教师的上岗培训和教学经验交流活动，促进其快速成长和提升。

（3）建立教学质量评估和考核体系。高校应建立严格的教学质量评估和考核体系，通过学评教、教师自评、学科带头人评比、学院审核等多方面手段，对教师的教学工作进行全面评估。及时选拔优秀教师，激励其继续发挥优秀表现，同时淘汰不合格教师，保证教师队伍的整体素质和水平。这种评估和考核体系的建立，有利于教师队伍的不断优化，推动思想政治教育工作的顺利开展。

（4）教学经验交流与分享。为促进教师队伍的发展和提升，高校应定期组织教学经验交流和分享活动。通过开展教学研讨会、观摩课程、教学案例分享等形式，让教师之间相互学习、借鉴、交流，共同提高教学水平和教育教学质量。特别是对于新教师而言，这种交流与分享活动尤为重要，可以帮助他们更快地适应教学工作，提升教学效果。

（5）加强教师队伍的组织管理。为了保证教师队伍的稳定和良好运转，高校应加强教师队伍的组织管理工作。建立健全的教师队伍管理制度，明确教师的岗位职责和工作任务，规范教师的行为举止和职业道德，保证教师队伍的正常运行和教育教学工作的顺利开展。同时，要关注教师的人文关怀，关心教师的生活和工作情况，激励教师积极投入到思想政治教育工作中。

（6）建立激励机制和保障体系。为了吸引优秀人才，激励教师队伍的发展，高校应建立完善的激励机制和保障体系。通过提高薪酬待遇、设置岗位晋升和评优评先等激励措施，激励教师积极投入到教育教学工作中，提升工作积极性和主动性。同时，要加强对教师的培训和发展，提高教师队伍的职业发展空间，增加其个人成长和发展的机会，使其在教育教学岗位上实现自我价值，进而推动整个思想政治教育工作的不断进步和发展。

（二）加强高校辅导员队伍建设

辅导员作为开展高校思想政治教育的骨干力量，是各高校对学生进行日常思想政治教育和帮助学生树立正确的世界观、人生观、价值观，激励学生践行社会主义核心价值观，引导学生坚定理想信念的指路人。高校辅导员要在自身思想道德优秀的基础上才能去对大学生进行教育，要在以德立身的基础上以德立学,并在教育过程中以德施教,使得教育效果最佳化。

1. 强化理想信念,提高影响效力

辅导员在高校思想政治教育中的作用至关重要,其自身的理想信念和影响力直接影响着学生的思想道德建设和个人成长。

辅导员应当注重强化自身的理想信念,这包括坚定的政治信仰、崇高的人生理想和坚定的价值取向。具有坚定理想信念的辅导员能够以身作则,通过自己的言行引导学生,潜移默化影响学生的思想观念和行为习惯。其次,辅导员应当具备高尚的道德情操和爱岗敬业的责任感。这种道德情操不仅体现在日常工作中的严谨认真,更体现在对待学生的关怀和指导上。辅导员的影响力需要通过实际行动来提高。辅导员应当不断提升自身的教育教学水平和专业素养,积极参与专业培训和学术交流,不断拓展自己的知识面和教育方法,以更加专业的态度和更高水平的教学质量来影响学生。同时,辅导员还应当注重与学生之间的沟通交流,建立起良好的师生关系,使学生愿意倾听和接受辅导员的教育引导。

辅导员应当注重以身作则,用自己的言行和实际行动来激励学生。通过讲述自己的成长经历和奋斗历程,激发学生的自信心和奋斗意志,引导他们树立正确的人生观和价值观。同时,辅导员还应当注重引导学生树立正确的理想信念,明确自己的人生目标和追求,引导他们勇敢前行,不断奋斗。

2. 提升专业素养和能力水平

高校辅导员的自身专业素养和能力水平是开展思想政治教育的保障。专业素养高的辅导员能够帮助大学生认识自我、发展自我、实现自我、超越自我。

理论知识、专业知识、辅助知识这三个方面共同构成辅导员知识结构,只有具备了这三个方面的知识,才能做一个合格的理想信念的引路人和指导者。哲学、政治经济学、历史等方面的知识是辅导员具备的基本理

论知识，思想政治、理想信念的理论知识是辅导员的专业知识，与此同时，还要具有与学生管理密切相关的管理学、心理学、教育学等辅助知识。通过丰富这三个方面的知识储备，提升自身的专业化水平，有效解决学生的思想、学习、生活等各方面的问题。

辅导员要加强思想理论学习，提高政治觉悟。要深入学习理论知识，关注教育领域信息，第一时间掌握教育改革新动向，及时领悟教育改革提出的新观点、新思想、新理论、新策略，用先进的理论知识强化自身的专业技能，以便更好地胜任高校的思想政治教育工作。辅导员要不断提升自身的综合素养，明白自身的岗位职责，在践行思想政治教育任务的过程中，对学生开展公民素质教育、学校规范教育、道德教育、时事政治教育，将思想政治教育践行到各个环节中，用不断发展的马克思主义理论武装大学生头脑，推动大学生全面发展。高校辅导员还要能熟练使用新媒体，充分了解新媒体技术，主动学习，及时把握大学生思想脉搏，通过新媒体技术对学生进行思想政治教育。

第四章　渠道优化提升新时代高校思想政治教育工作的质量

第一节　高校思想政治理论课教学优化

一、高校思想政治理论课教学的必要性

（一）大学生健康成长的发展需要

从根本上来讲，进行思想政治教育工作是源于社会和人的发展需求，社会要想顺利发展、个人要想健康成长，都离不开思想政治教育工作。人的本质属性的界定，主要从三个维度来看，即社会性、生物性、精神性。人的存在，是以生物性为基础的，人类和其他的生物之间也具有一定相似性，而生物性决定了人需要物质能量来不断提供供给，其中涉及的关系主要就是人和自然之间的关系，人需要不断地从事相关的物质生产活动，发展科学技术，提升工作效率，通过自然获取物质能量，为人类的生存和发展提供支撑。

任何一个独立的人格都要有自己的信仰、理解，对自由、自尊进行追求，希望能够获得独立。但是，建立信仰和理想，获得自由、独立、自尊，是由很多的条件共同决定的，这个过程本身也是对理论进行创新的一个过程，和人类社会的发展规律相符合，理论体系的建立是经历过漫长的历程的，其理论创新的过程也是相当艰辛的，与此同时，还需要借助于社会化过程，对其进行内化，使每个成员都自觉对其进行追求，要想实现这

些，思想政治教育工作的作用十分重要。

　　大学生正处于青春萌动的时期，自尊心很强，同时也十分追求独立。这些都是年轻人独有的优点，也正是因此，大学生们才勇于创新，努力追求上进。然而，大学生毕竟年龄尚浅，自身存在很多局限，并没有深刻认识和了解社会，因此，需要建立起更加深入、系统的人生观、世界观，需要对此加强教育，要把人之所以为人的本质要求内化成为每个人的内在追求。因此，要想保证大学生能够顺利成长成才，就要结合青年大学生的实际情况，对高校的思想政治教育工作进行加强和深化。

（二）科教兴国、人才强国的战略需要

　　从人才的角度来说，大学生资源十分宝贵，是祖国和民族发展的未来和希望。因此，需要改进和加强高校的思想政治教育，提升学生的思想政治素质，努力培养学生，使之成为中国特色社会主义的优秀建设者和接班人，有利于科教兴国、人才强国战略的实施，为全面建成小康社会、加速推进社会主义现代化建设提供保障。

　　实施科教兴国战略和人才强国战略是一项基础性工程，和国家、民族的未来发展息息相关，在加快推进社会主义现代化建设、推动中国特色社会主义事业发展方面，意义重大。任何战略都十分重视人才所能发挥的作用。站在创新这一角度来看，可以发现，一个民族能否发展进步，创新是核心，也是推动国家兴旺发展的重要动力。因此，在科技进步、经济社会发展、国家繁荣方面，人才都是第一资源。

　　在全面实施科教兴国战略、人才强国战略的过程中，都把教育放在了首要地位，教育的基础地位毋庸置疑。科技进步要以人才为基础，而培养人才则需要教育。不管是培养高素质人才方面，还是提升整个国家和民族的创新能力方面，教育的作用都十分重要、不可替代。在社会主义物质文明建设和精神文明建设方面，教育作为基础工程，地位十分重要。不管是在提升全体人民的科学文化素质和思想道德素质方面，还是在培养社会主义事业接班人方面，意义都十分重大。

对于整个国家来说，大学生作为人力资源十分宝贵，需要以此为依托对创新型国家进行建设，科教兴国战略的实施也以此作为生力军，整个国家和民族的未来与希望都寄托在大学生的身上，中国特色社会主义事业的建设和发展也要以大学生作为接班人。也是因此，在科教兴国战略和人才强国战略的实施过程中，加强大学生的思想政治教育非常重要，需要给予高度重视。

二、高校思想政治理论课的育人原则

教学活动与其他生产生活活动有很大的区别，最主要的是它是人类社会才有的实践活动。而且，教学活动的开展需要遵守一定的教学规范，并不是无组织无秩序地开展活动，教学制度、教学目标等教学原则是它必须遵守的。所以说，在教育理论中教学原则的作用十分重要。相应地，思想政治理论课的教学原则也是该门学科教学活动正常、顺利开展必须遵守的规范和准则，是思想政治教育课程客观规律的体现。当前，国家的发展越来越重视国民素质和思想的培养。❶对于大学生思想政治理论课的教学来说，正确把握和使用教学原则，有利于提高教学成效，推动这门学科的教学改革进程。

（一）思想性原则

思想性原则是指思想政治理论课教学不仅使学生掌握一定的知识、理论，而且通过相关知识、理论的传授对学生进行崇高理想信念和科学世界观、人生观、价值观教育，提高学生的思想道德修养和政治觉悟。知识性与思想性的统一，是思想政治理论课教学遵循教育新规律的体现。大学生思想政治理论课教学贯彻思想性原则，对教师有以下要求。

---

❶ 陈小华，陈永清，张昊楠.元认知策略在大学生思想政治理论课提升共情中的应用[J].现代职业教育，2022（16）：76.

1. 明确教学目的，认真钻研教材内容

贯彻思想性原则是实现大学生思想政治理论课教学目的的重要步骤。思想政治理论课教师作为直接实施教学活动的主导力量，应充分认识这一原则的内涵及意义，其核心在于通过相关知识、理论的传授对学生进行思想政治教育，提高他们的思想觉悟和认识水平。为此，教师要深入领会教材内容，准确而严密地掌握知识的科学性和理论的思想性，做到方向明确、目标清晰，并在教学过程中，抓住重点、难点，以知识、理论的科学性突出教学的思想性，努力引导学生形成正确的科学观点；同时，以教学的思想性引领学生对相关知识、理论的学习和把握，提高他们对是非、善恶、美丑的分辨能力，实现知识体系向信仰体系的转化。

2. 紧密联系学生实际，讲究教学艺术

贯彻思想性原则的根本目的是以知识、理论为载体对学生进行生动的、有针对性的思想政治教育，引导学生把知识、理论转化为正确的思想观念和科学的人生信仰。为此，教师要正确处理知识性与思想性之间的关系，既不能单纯地进行知识、理论的传授而不帮助学生解决思想困惑，又不能脱离知识、理论片面强调思想教育从而陷入空洞的说教。与此同时，注重理论联系实际，根据学生的年龄特征和学习特点，通过多种多样的教学形式和方法，将高校思想政治理论课教学的知识性与思想性有机结合起来，充分发挥学生学习的主体作用，激发学生学习的积极性和主动性，最终使学生在知识、理论的学习上有所提高，在思想、观念的转变、确立上有变化。

3. 遵守职业道德，注重发挥人格魅力

大学生思想政治理论课教师作为教师队伍的一支重要力量，是学生健康成长的指导者和引路人。这一角色定位要求教师在贯彻思想性原则时，一方面，践行社会主义核心价值体系，遵守国家法律法规和教师职业道德，坚持学术研究无禁区、课堂讲授有纪律，帮助和引领学生形成正确

的世界观、人生观和价值观。另一方面，不断提升理论水平和人格修养，不仅注重以自己深厚的理论功底和深邃的学术魅力去吸引学生，更要注重通过自己的言行，以崇高的敬业精神和强烈的社会责任感，以及坦荡的胸怀、正直的为人和端庄的仪表去感染、熏陶学生，让学生从对教师的敬佩和信赖中自觉接受和认同相关知识、理论，并使他们通过教师的品行思考如何立志、树德和做人。

（二）启发性原则

启发性原则是指在高校思想政治理论课教学中，教师要注重营造宽松、民主、和谐的教学氛围，激发和调动学生的主体意识和学习热情，启发和引导学生积极参与和独立思考，促使学生的理解和掌握知识、理论，提高分析问题和解决问题的能力。启发性原则是教学与发展相互影响和相互促进规律的反映，教学不仅要给学生传授知识和技能，还要促进学生的思维、意志、情感及创造力的发展。思想政治理论课教学贯彻启发性原则的基本要求，主要包括以下方面。

1.确立学生主体地位

学生既是思想政治理论课的教学对象，也是学习思想政治理论课的主体。思想政治理论课教学只有经过学生的思考、认同及内化才能发生作用，只有调动学生的学习积极性使其主动参与并接受教育影响，才能产生良好效果。这一特点要求思想政治理论课教学必须树立正确的学生观，注重营造民主的环境和氛围，激发学生的主体意识，尊重学生的主体地位。只有建立民主平等的师生关系，学生才可能真正做到自由地、充分地提问和独立地思考，教师的启发才可能是有效的。

2.启发学生积极思考

贯彻启发性原则必须做到有的放矢，否则，教学活动就没有针对性。而所谓"的"，就是要根据教学内容，结合学生关注的社会问题或其自身的思想困惑，创设一定的问题情境，教师以非真理代言人和学术权威的角色，引导学生在此情境中质疑问题、积极思考和深入探究问题，使教学活动紧紧围绕提出问题、分析问题和解决问题展开，并以此激发学生的学习兴趣，达到师生之间、学生之间的启发与互动。需要强调的是，问题情境的创设要具有新颖性、双向性和灵活性，并与思想政治理论课教学内容及学生的身心特点和思想实际相适应。

3. 适当深化教学内容

贯彻启发性原则要摒弃机械和教条，要以图文并茂、视听结合的形式来吸引学生的注意、唤醒学生的思维，以专题讲授、问题讨论、师生对话、案例分析、思维助产等多种方法激发学生的主体意识、引导学生思考探究，从而变单向灌输为双向互动、变注入式教学为启发式教学。同时，教学内容的选择和讲授要有适当的广度和深度，重点、难点要鲜明、突出，分析问题要深入浅出、循循善诱、有理有据，特别是教师独到的视角和见解，往往会给学生留下深刻的思考和启迪。

三、高校思想政治理论课的叙事教学法

思想政治理论课应该而且必须从故事中给学生输送知识营养，从故事中给学生传递中国精神，不断增强思想政治理论课的吸引力、说服力、感染力。❶叙事教学法主张在高校思想政治理论课教学中运用叙事化手段，围绕大学生面临的理论问题和在成长发展过程中遇到的现实问题，以叙事的形式设计和呈现相关教学重点、难点，借助于叙事及其重构完成教学过程，在收集、整理、呈现、问题追问、意义挖掘、价值引导、故事重构的叙事过程中引导大学生从"问题故事"走向"较期待故事"，使学生最大限度地投入学习情境，在生活情境的意义世界中，提升理论素养，解决生活世界中存在的现实问题。

---

❶ 毛斐均. 思想政治理论课中的叙事方法探析 [J]. 思想理论教育导刊，2020（04）：111.

（一）高校思想政治理论课叙事教学法的特点

1. 互动交流性

（1）尊重大学生在学习中的主体地位，重视学生的叙事者作用，促进学生之间的思想交流。叙事教学中，大学生是学习的主体，也是自我教育的主体。他们不仅会根据自己原有的经验有意识地选择、分析、接纳教师叙述的故事和传递的思想信息，同时能作为叙事者讲述故事、组织和传递思想信息，成为课堂教学中的积极参与者。这种以学生为叙事者的叙事教学，不仅能够让叙事者本身省思和表达自己内心深处的真实声音，分享生活经验，同时因为叙事者和倾听者作为朋辈具有相同或类似的生活经验，这种叙事更容易激发倾听者的学习热情，引发他们更为直接的共鸣与体验，进而直接提高教学效果。

（2）恰当借助图像、视频、模拟情境等，让师生之外的社会上的其他人成为叙事者，带领学生从不同视角认识问题，实现与现实社会的多维互动。人生过程是个人与他人在复杂的社会关系中不断互动并互相影响的过程。个人不可能离开他人而存在，每个人的生命状态既是个体自我内部的成长动力和发展意向使然，同时也受社会上其他人的多维影响，每个人都希冀自己在与他人、与社会和谐共存中顺利发展。这个过程与叙事本身一样，让人们不断地讲述和复述他们的生活故事，既描绘过去，也创设未来，通过这种方式来研究如何使经验有意义。

（3）叙事教学现场师生之间的平等互动，直接促进双方的视域融合和价值理解。教育者与受教育者作为交往互动的双方，都是不可或缺的，他们之间是一种平等共生的关系，无论是教育者还是受教育者都不存在霸权、支配和中心地位。叙事教学法实施过程中，课堂中的师生是品德教育圈的共同体，双方都有自由平等表达自己认识和观点的权利和机会，教师不能以权威自居，压制学生的观点和表达，学生也不可漠视教师的思想，这样双方各自的思维方式及其对同一问题或现象的不同解释，就能在叙事教学过程中得以分享、交流和碰撞，实现视界融合和教学相长。

2. 意义承载性

发端于文学领域的叙事，之所以在思想政治教育领域逐渐取得一定地位和引发广泛影响，就在于叙事不仅展现了与生活联系密切的丰富多彩的情节画面，同时通过隐喻将丰富的意义和深刻的理论寓于故事的结构之中，为教师解释价值观念、学生学习领会相关理论知识和生命智慧提供背景和素材。因此，高校思想政治理论课的叙事教学法不会单纯为叙事而叙事，而是立足于高校思想政治理论课立德树人的教育目标，结合具体教育内容，对教育过程进行整体设计，将教育目标有机渗透于叙事过程中，使叙事过程具有丰富的意义承载。

（1）叙事教学法将理论知识和人生感悟寓于故事情节之中，使故事不再只有吸引人的情节，而是能够成为传递抽象理论的感性载体。在叙事教学法的实际教学过程中，具体教学设计要以理论课教学目标为导向，注重将抽象的教学内容以故事的形式表现出来。所以，在进行叙事教学设计时，要充分考虑学生所掌握的知识、思想认识的特点，存在的困惑和问题，教材内容中的教学重难点、理论阐释要达到的深度和广度等。这样，叙事的形象生动性就可以和理论的深刻抽象性高度融合成具有拓展延伸作用的教学过程，不仅使学生"乐学"，同时也使其在记住叙事过程的同时，对相关理论印象深刻，并能在类似情境中理解意义。

（2）叙事教学法通过故事的解构和重构聚焦解决大学生的理论问题和现实问题。伴随着改革开放的不断深入以及西方不良思潮的影响，思想尚不成熟的大学生出现不少思想认识方面的矛盾、困惑和问题，影响着大学生自身的健康成长。因此，思想政治理论课教学必须要正视和面对这些问题，努力帮助大学生解决这些问题。

大学生对一些理论和社会现象的认识并不包含理论所有的丰富含义和全部的社会现实，而是大学生按照自己的标准对外部世界和生活经验进行筛选性认识的结果，甚至存在着任意取样和断章取义。为此，叙事教学法从认识与阐释世界和理论的多维视角出发，帮助大学生发现其问题故事之外的"例外事件"，由此探索新的发展路径和方向，使大学生的认识不断丰富、多样、辩证，从而解决问题、提升智慧。

高校思想政治理论课叙事教学法不仅要注重通过故事本身的情节传递理论知识，同时更要善于通过对学生原有叙事中存在的认识局限进行分析、打开、引导，并通过进一步地重构叙事框架，丰富原有认识角度，拓宽认识视野，提升认识水平。

3. 生活情境性

（1）叙事不仅包含完整的故事情节，同时富含人物心理和情感，能够建构出生动形象的现场感。叙事教学法对于教学过程的叙事化，力求完整细致地叙述故事本身，注重故事情节的完整，从人物、时间、地点到故事发生、发展、高潮、结尾的每一个组成部分，都认真细致，使整个叙事情节完整、矛盾集中，最大限度地贴近真实生活。其中，栩栩如生的人物、具体细腻的情感、跌宕起伏的情节，建构和还原了现实生活过程，再现了个人无法经历的社会生活，让人身临其境，产生强烈的现场感。

（2）叙事所叙之事多来自真实生活，但在情节冲突性和戏剧性方面高于现实生活，因此更具吸引力。叙事吸引人的一项核心特质就是故事情节戏剧性的对照与反转，叙事之所以具有意义承载性也在于其矛盾冲突集中的高潮和变化，因此，叙事教学法会对故事情节变化、剧情反转、矛盾冲突及其解决、可能出现的不同结果等重点叙述。由于这种对照、反转与变化远远超过人们的日常生活经验，于是人们就容易被故事的变化性与奇异性所吸引，深度感受故事，并潜移默化地从故事中学习和成长。

（3）叙事过程对故事情节的细致描写，使故事形象生动，为学生进入故事提供了多种路径和线索。叙事的动人之处，不仅在于其情节的完整和矛盾的冲突，同时也在于其对细节的描写。通过对故事中的人物、环境、情节中的某一局部、某一特征、某一场景、某一细微事实进行具体细腻的描述，不放过任何一个有利于展现教学主旨的细节因素，并注意寻找和发现这些细节之间有意义的联系。这些在关键时刻发生的生活细节，不仅蕴含着深刻细腻的思想情感，同时也会从很多线索和维度使学生感觉与其个人境遇和生活感受相吻合，易于触动其情感共鸣和提升认识。

（二）高校思想政治理论课叙事教学法的实施关键

1. 教学的重心：问题解决和理想信念的生成

高校思想政治教育工作宏观上是回答为谁培养人、培养什么样的人、怎样培养人的问题，微观上是为学生解答人生应该在哪用力、对谁用情、如何用心、做什么样的人的过程，要及时回应学生在学习生活、社会实践乃至影视剧作品、社会舆论热议中所遇到的真实困惑。

思想政治理论课叙事教学法强调通过打开和重构故事来帮助大学生解疑释惑。这种教学法从教师和学生一起探讨学习中会遇到的理论问题或成长发展问题开始，进而在厘清社会主义道路选择、社会主义本质、文化发展与意识形态安全、理想信念确立等诸多理论问题和现实发展问题存在的原因、表现及其生成逻辑、解决路径的基础上，收集整理与问题相关的多样社会现实故事、个人生命故事，并经过加工整合，将理论问题或发展问题解决的重构路径嵌入系列故事之中，带领大学生在故事所提供的拟态生活情境中多角度认识理解理论问题和发展问题，帮助大学生在理论和经验的融合中领悟生命智慧，解决理论问题和发展问题，提升理论水平。

2. 教学的主线：叙事

叙事教学法注重通过兼具情境性、生活性、娱乐性的叙事，潜移默化地指导大学生转识成智、转知为行；与例证教学和案例教学偏重以故事论证理论、理论处于中心、故事处于边缘相比，故事在叙事教学法中是贯通教学过程的主线，是大学生学习的中心内容。叙事教学法在完整呈现时空、人物、情节、冲突等故事元素的同时，注重通过对故事情节不同视点、线索、细节、过程、人物心理，尤其是矛盾冲突点的打开、质疑和反思，带领大学生通过故事获得对理论问题的领悟，提升对思想政治理论的接纳和认同。

3. 教学的关键：师生之间的视域融合和价值理解

发端于文学领域的叙事，之所以能在教育领域获得合法地位，一个重要的原因在于叙事能够传递出价值和意义，为教师解释价值观念和理论逻辑提供背景和素材。所以，叙事教学法虽在形式上以叙说故事的方式存在，但最终指向是要以叙事作为背景和平台，使作为教育主体和学习主体的师生，共同就理论问题和现实问题解决进行对话和思考，分享有关的认识和体验，并通过对故事的叙述、解读、体验和分析，渗透、链接和整合相关理论知识，就主客观世界及各种理论学说、价值观念进行平等交流，实现师生之间的价值理解与视域融合，最终获得对问题的领悟和人生的成长。

四、高校思想政治理论课的实践教学法

（一）高校思想政治理论课实践教学的原则

思想政治理论课实践教学的实施原则就是指在思想政治理论课实践教学的实际运行和操作中，由思想政治理论课实践教学的内在规定性所决定的，是正确处理各种矛盾和关系必须遵循的准则和依据。高校思想政治理论课实践教学的实施应坚持以下基本原则。

1. 实效性原则

实效就是指实际效果，即社会活动目标或目的实现的程度和效果。思想政治理论课实践教学的实效性原则是指在思想政治理论课实践教学实施过程中遵循教学的客观规律，把理论知识学习与实践运用有机结合，把转变学生的思想与解决实际问题有机结合，把教学方法的创新与提高学生的实际能力有机结合，达到思想政治理论课实践教学实际效果最大化的原则。

从本质上讲，实践教学的最终目的就是通过某种实践形式让学生的知、情、意受到感染，进而产生思想认识或意志情感或思维方式等方面的正向的改变。实效性原则正是思想政治理论课实践教学实施的终极原则。衡量思想政治理论课实践教学实效性的一个重要标准，就是是否真正"唤

醒"了学生，让该课程真正成为让学生真心喜欢、终身受益的实践教学课程。

保证课程的有效实施应做到实施有针对性，搞好"两个结合"。一方面，实践教学的内容、方式等要与所学课程相结合，就是要在梳理各门思想政治理论课共性的基础上，根据各门课程的特点及其所肩负的教育任务，设计个性化的实践教学内容和形式；另一方面，要与学生专业层次、知识储备及所在高校的性质等相结合。让学生从自己熟知的领域寻找实践素材和学习资源，这样更易激发学生的学习兴趣，提高学习的主动性，增强教学的实效性。

2. 互动性原则

互动性原则是思想政治理论课实践教学具体实施的重要操作性原则，主要体现为在实践教学中师生间的互动和实践教学环节的互动。师生间的互动要求调动学生和教师两个方面的积极性，实现教学相长。

（1）学生是实践教学的直接受益者，其实践教学效果也更多地依赖于学生主体性的发挥。因此，在教学实施中应始终坚持"以学生为本"的教学理念，切实尊重学生在实践教学中的主体地位，积极调动他们的主体性和参与性。只有这样，才能真正让学生在课程学习中获取新知，磨炼意志，提升能力，从根本上保证教学目标、课程目标的实现。

（2）在教学实施中，教师的主导作用也不可缺失。学生的实践活动需要教师的理论指导、教学督促和精神关怀。教师当以自身渊博的知识、深刻的见识和良好的人格魅力感染学生、为学生答疑解难，并增进师生友情，从而推动实践教学的良性互动，实现教学相长。

（3）教学环节的互动也是实践教学互动性的重要体现，主要体现在以下方面。

第一，从教学"一体化"而言，强调课前准备、课堂实施和课后反思三者相呼应。课前准备是前提和基础，课堂实施是关键和重点，课后反思则是拓展与深化，课前准备和课后反思都应紧紧围绕课堂实施来开展。

第二，从教学运行而言，强调"五大课堂"互动，即以第一课堂的理论学习为运行的起点，奠定坚实的理论基础；以第二课堂的学生实践为运行的展开，促进理论知识的实际应用；以远程课堂的教师督导为运行的保障，确保教学质量与效果；以翻转课堂的师生互动为运行的深入，增强教学的互动性和参与性；以成就课堂的成果展示为运行的深化，展现教学成效与学生学习成果。第三，从教学平台建设而言，应努力建构课内外互动、校院互动、校内外互动平台。

3. 实践性原则

思想政治理论课实践教学是以思想政治理论为课程内容，以教学实践为课程形式。思想政治理论课实践教学重在实践，它本身就是一种基于实践的教学理念、教学活动和教学课程，实践性是思想政治理论课实践教学最显著的特征和最根本的属性。实践是人认识和改造世界的能动活动，是人的存在方式。对于涉世未深的大学生来说，思想政治理论课的实践教学是他们参与社会实践的重要形式。实践教学为大学生打开了一扇认识世界与改造世界的窗口，也为大学生搭建了一道从书斋通往社会的桥梁。实践是否一以贯之，实践是否落在实处，实践是否卓有成效，直接决定了课程教学的成败。因此，实践性原则是思想政治理论课实践教学必须遵循的最鲜明原则，在坚持思想性原则的前提下，实践性原则发挥着统领其他各原则的重要作用。思想政治理论课程实践教学不能简单地等同于"社会实践"，它有其固有的要求和内容。在具体的教学实施中，实践教学的实践性主要通过以下形式体现。

（1）课堂实践教学。如主题演讲、红色影视作品赏析、课堂情景设置和案例讨论等，通过课堂实践教学加深理解，探求新知。

（2）社会实践教学。如开展社会调查、勤工助学、参加研学、投身于大学生青年志愿者活动等，通过社会实践教学学以致用，锻炼学生各方面的能力。

（3）网络实践教学。参与以网络为平台的实践教学活动，如网络信息采集、网络学堂等各种有益的实践活动，在网络实践中得到充实与提高。

（二）高校思想政治理论课实践教学的形式

课堂实践教学，就是在思想政治理论课课堂教学中，采取多种形式和手段，组织实施的全部思想政治理论课实践教学活动。思想政治理论课的特点之一在于理论教学与实践教学的深度融合，因此，课堂实践教学始终是不可忽略的重要环节。

1. 辩论比赛

辩论比赛是大学生喜闻乐见的一种课堂实践教学方式。辩论赛在形式上是参赛双方就某一问题进行口头辩论、相互争胜的一种竞赛活动，实际上是围绕辩论问题而展开的一种知识竞赛、思维反应能力竞赛、语言表达能力竞赛，也是综合能力的竞赛。辩论赛一般不看重辩论者本人的立场和主张，而侧重于辩论技巧方面的能力展示。与谈判辩论以及同学之间、师生之间的日常争辩不同，辩论赛的双方都不准备说服对方或被对方说服，而以驳倒对方、争取听众的反响来击败对方。辩论赛的教学方式既能锻炼学生的快速反应能力和运用辩论技巧的能力，也非常能吸引观众（学生）的注意力。

2. 思想政治理论公开课

思想政治理论公开课是指学生在思想政治课教师的指导下组建团队，围绕思想政治理论课课程中的有关章节或专题进行教学设计、开展教学、公开展示、交流评比的一种实践教学方式。"教"被认为是一种极好的学习方式。与被动接受信息不同，"教"需要主动对知识进行重新加工梳理，即使照本宣科地教也需要将知识脉络和层次把握得非常清晰。

所以，让学生通过"教"来达到学的目的，是一种新颖而有效的课堂实践教学方式，让学生走上讲台，以教师的身份向同龄人和评委老师讲授思想政治理论课，势必会给学生固有的思维和态度带来深刻的冲击与转变，有利于促使学生将"输入"转变成"输出"，将"获得"转变成"传递"，也能促进学生的归纳与演绎、分析与综合等辩证思维能力的提高。

（1）确定授课内容。思想政治理论公开课的内容选题涉及的范围不宜过大，应在 15 分钟内完成讲授；难度不宜太深，适合学生的学力水平；应紧扣课程大纲，不能离题发挥，信口开河。带着问题选题，一个选题解决一个问题，一个选题就是一个完整的知识点。容易引起争议的敏感问题不宜作为选题。选题最好由指导老师先行确定，老师根据教材大纲和课程目标，向学生提出每个选题的目的和要求，并有重点地给予适当指导。

（2）组建教学团队。教学团队要完成文字资料与教学视频收集、教案编制与 PPT 制作、现场公开展示等不同任务。因此，应该以任务为导向组建教学团队，让学生在团队中充分展现自己的优势，人人有事做，事事能做好，既各显其能，又紧密配合。

公开课展示的范围不同，教学团队的选人范围也不同。如果只在教学班内展示，就应在班内组建多个教学团队；如果在全校展示，则可以以专业或学院 / 系 / 部为单位，择优选拔。学校或马克思主义学院还可以有意识地组建一支经过正规培训的有竞争力的且能传承的学生教学团队，并由有经验的专职教师给予指导。

（3）教学设计展示。教学设计要求构思精巧、创意独特、表现新颖。教学设计包括学情分析、学习内容分析、任务分析、教学目标、设计思路或意图、教学过程、课堂小结、自主性教学评价、教学资源链接等环节。

开展教学要求观点正确、逻辑清晰、方法得当。能引导学生深化对思想政治理论课教学内容的认识，展现当代大学生的理论素养和精神风貌。开展教学是将教学设计的意图展示出来，在开展教学活动之前，这个过程应该已经在设计者的头脑中演示过了。

（4）公开课的评课与评比。展示活动结束后进行评课、评比，可以激发学生的好胜心和竞争意识，也是一种导向和反思。评课和评比应注意的事项主要包括：①坚持正确的政治方向，教学目标明确清晰；②能够根据教材和教学的内容要求，结合社会生活实际，选材新颖，贴近现实；③教学各环节衔接自然，逻辑清晰；④能突出重点，分析难点；⑤教态自然大方，普通话标准，语言清晰且逻辑性强，语速适中，提问明确；⑥师生双向交流安排适当，板书、板图和课件设计合理、科学、美观。

（三）实践教学的实施要点

1. 提升思想上的认识

各个院校对实践教学在思想政治理论教育中的作用和地位应有清晰认识，从而积极地组织和引导思想政治理论实践教学的落实到位，这不仅对培养合格的社会主义事业接班人来说具有积极意义，也有利于全面落实素质教育。因此，对于思想政治理论课的社会实践教学要引起高度重视，并给予必要的支持。此外，教师也要正确认识到社会实践教学对教学效率的提升作用，并加强开展和组织社会实践活动，强化"教书育人"观念的价值，对于社会实践研究和活动给予必要的重视，并积极引导学生参与到思想政治理论社会实践中来。

2. 明确所需的经费

实践教学的经费应该从思想政治理论课社会实践教学的实际情况出发，为思想政治理论课实践教学提供必要的资金支持，这样才能使社会实践活动落到实处，真正切实提高思想政治理论课教学质量。这就有必要制定思想政治理论课实践教学专项经费管理办法，规定经费的来源、用途以及审批程序等。这些内容的制定需要以当地的社会经济发展水平为出发点，明确规定其日常经费标准（教材和资料费、活动组织和管理费用、宣传和纪实费用、文化体验和实地考察费用、奖励和评优费用）和社会实践经费标准等，为社会实践教学的开展提供必要的资金保障。

3. 强化组织的管理

实践教学要构建实践育人的长效机制，不断健全和完善组织管理系统，加强完善思想政治理论课实践教学组织管理机构体系，并建设实践基地和运作经费保障体系，加强实践课师资力量的补足等。如此才能确保思想政治理论课社会实践教学的顺利进行。同时，学校还要建立思想政治理论课实践教学小组，并对实践教学的资金审批、人员配备和工作协调进行管理；实践教学的管理由二级学院和系部具体负责，主要工作内容是制定社会实践教学计划和教学方案等工作；而实践教学大纲、教学计划和实施方案的制定则主要由教研室进行。

第二节　高校思想政治教育的环境优化

一、高校思想政治教育环境的特征

思想政治教育环境是指由人类的理论活动和实践活动所创造的影响思想政治教育之外部条件的总和。从思想政治教育的本质来说，思想政治教育环境问题既是空间问题，也是时间问题；既有现实问题，也有发展问题；既有物质问题，也有精神问题。

（一）本质特征

本质属性才是此事物区别于彼事物的根本原因。研究思想政治教育环境，必须把握思想政治教育环境的本质特征。所谓思想政治教育环境的本质特征就是思想政治教育环境本身所带有的从根本上决定环境的发生、发展与变化的特征。具体来说，思想政治教育环境的本质特征主要体现在以下方面。

1.高校思想政治教育环境的社会性

对于思想政治教育环境的社会性的理解，可以从以下方面进行。

（1）从社会化的角度进行深入研究。社会学视野中，思想政治教育是人的社会化所必须经历的过程。从个人角度来看，社会化是人追求发展、适应社会生活的过程；从阶级角度来看，一定的阶级或组织通过有目的的人的社会化过程培养符合本阶级利益的社会成员，维护本阶级或组织的利益；而从社会学的观点来看，人社会化的关键因素仍旧是人的社会性活动。正是这些社会性活动同样地决定着思想政治教育环境的社会属性。

（2）思想政治教育环境是人类社会生活的产物，是人类文化的结晶，故不可避免地具有社会属性。

（3）思想政治教育环境系统中社会性要素占据主导地位，在人的社会化（包括人的思想政治教育）活动中发挥着关键性作用，因此，思想政治教育环境也就具有了社会属性。

2.高校思想政治教育环境的客观实在性

思想政治教育环境的客观实在性是指思想政治教育环境具有独立于人而存在的特性。思想政治教育环境独立于人存在，并不是指独立于所有人存在，而是指独特的个人。

（1）客观实在性是思想政治教育环境各个要素所具有的共同属性，即它是思想政治教育环境各个要素共同拥有的，不以个人的意志为转移的独特属性。思想政治教育环境要素复杂多样，有诸多不同的表现方式，但都是可以被认知的，可脱离个人的意志而存在的。

（2）客观实在性是思想政治教育环境各个要素共同拥有的本源属性。自然要素、社会物质要素和各级各类组织要素等各种与思想政治教育相关的要素，之所以能够成为思想政治教育环境要素，就是因为它们都是以"客观实在"的形式存在的，客观实在性彰显了它们的本质特征，体现了它们作为环境要素的最高层次抽象性。

（二）结构特征

1.整体性

（1）系统性。思想政治教育环境结构的系统性，即各种思想政治教育环境作用于思想政治教育时表现出的系统性特征。

第一，构成思想政治教育的整体环境因素是密不可分的。思想政治教育环境发挥出对思想政治教育环境的影响必须要通过多重因素才能产生具体的效用。虽然学术界可以把环境分割为不同的类型，但是不同类型环境效用的发挥必须依靠其他类型的环境作为支撑。

第二，构成思想政治教育环境整体环境的各种环境因素之间相互协调。这种相互协调具体又指思想政治教育环境诸因素之间的和谐相处与相互配合作用上。思想政治教育环境是由大大小小、各式各样的影响思想政治教育的环境要素所构成的。这些要素在较大程度上存在同一性，即都指向思想政治教育，这些要素相互作用，才能在思想政治教育中发挥其应有的作用。

（2）统一性。思想政治教育环境结构的统一性是指环境诸要素在发挥其影响作用时所具有的一致性。思想政治教育环境要素同样符合对立统一规律。虽然在结构上复杂、组成要素繁多，但在整体功能上则呈现出一致性。这突出地表现为要素作用方向或方式上一致。事实上，当人们考察某个单一环境因素对思想政治教育的影响作用时，往往很难判断其作用的方向或方式，但当整体考察时，思想政治教育环境就会变得清晰而明确。这是因为它们相互联系、相互影响、相互作用，最终完成对外作用的统一性。

2. 有序性

所谓有序性，是指思想政治教育环境要素存在方式上呈现的规律性。思想政治教育本身是一种有目的、有计划、可调控的活动。这种调控是多层的，不仅是对思想政治教育过程的调控，也是对思想政治教育环境要素的调控，即教育者可通过人为创造环境要素，对环境要素进行过滤、筛选和添加（这个过程可称为思想政治教育环境的优化）。教育者根据思想政治教育各阶段的目标以及被教育者各阶段思想政治品德的发展程度，依据相关教育学理论，逐渐改变受教育者所处的环境，最终目的是实现思想政治素质水准的提高。

二、高校思想政治教育环境的作用分析

思想政治教育环境不仅是知识传授的场所，更是塑造学生思维方式、价值观念和社会参与能力的关键环境，它为学生提供了机会，使他们能够成为有社会责任感、具有批判性思维和创新能力的公民，从而为社会的进步和发展做出积极的贡献。经过师生共同审美营造的教育环境，既具教育性，又具审美性，是大学生思想政治教育不可或缺的一项重要资源。❶因此，学校应不断改进和完善思想政治教育环境，以更好地满足学生的需求和社会的期望。

（一）高校思想政治教育环境的导向作用

第一，思想政治教育环境提供了正确的价值导向。价值观是个体行为的内在驱动力，是其认识世界和处理问题的基本标准。思想政治教育通过传播社会主义核心价值观，引导人们树立正确的世界观、人生观和价值观。例如，通过课堂教学、社会实践和媒体宣传等方式，思想政治教育使社会主义核心价值观深入人心，帮助人们辨别是非，树立正确的价值判断标准，从而在社会生活中做出符合社会主义道德要求的行为选择。

第二，思想政治教育环境具有文化熏陶作用。校园文化建设是思想政治教育环境的重要组成部分。例如，学校通过组织主题班会、读书活动和文艺演出等形式，使学生在参与中受到教育，增强对社会主义核心价值观的认同感和归属感。

第三，思想政治教育环境具有人际互动的引导作用。人际关系是个体社会化过程中的重要因素，良好的人际互动环境可以促进思想政治教育目标的实现。在学校、家庭和社会中，通过师生关系、亲子关系和朋友关系等多种人际互动形式，可以潜移默化地影响个体的思想和行为。例如，教师通过言传身教，成为学生的榜样，学生通过与教师的互动，逐步形成正

---

❶ 许醴，姚敏．大学生思想政治教育环境的审美优化思考 [J].安徽工业大学学报（社会科学版），2022，39（02）：101．

确的思想观念和行为习惯。同样，家长在家庭教育中的言行举止，对孩子的思想政治教育也有重要影响。良好的家风家教，可以引导孩子树立正确的人生观和价值观。

（二）高校思想政治教育环境的示范作用

第一，思想政治教育环境通过树立典型人物来发挥示范作用。典型人物的事迹和精神能够激励和引导个体树立正确的价值观和行为规范。思想政治教育通过宣传道德模范、劳动模范、优秀共产党员等先进人物的事迹，弘扬正能量，激励公众向榜样看齐。例如，"感动中国"年度人物评选活动，通过宣传那些在各行各业中做出突出贡献的先进人物，激励人们向榜样学习，规范自己的行为、树立正确的价值观。

第二，思想政治教育环境通过典型事迹和案例来发挥示范作用。通过宣传和展示一些具有代表性的典型事迹和案例，可以让人们更直观地理解和认同正确的思想和行为。例如，在学校教育中，可以通过展示优秀学生在学习、生活和社会实践中的先进事迹，让其他学生看到榜样的力量，激励他们努力向上；还可以通过媒体报道、专题片等形式，宣传那些在关键时刻挺身而出、无私奉献的先进事迹，如抗击疫情中的医护人员、救灾抢险中的英雄人物等，这些事迹能够激发公众的共鸣，引导人们树立正确的价值观和社会责任感。

第三，思想政治教育环境通过组织实践活动来发挥示范作用。通过组织和参与各种社会实践活动，可以让个体在实践中感受到榜样的力量，进而内化为自己的思想和行为准则。例如，学校可以组织学生参与社区服务、志愿活动，参观红色教育基地等，让学生在实践中体验和感受到榜样的精神和力量；可以通过组织各种公益活动、志愿服务等形式，让公众在参与中感受到正能量的传递和榜样的力量，增强社会责任感和使命感。

（三）高校思想政治教育环境的规范作用

第一，思想政治教育环境通过制度建设来规范个体行为。制度是思想政治教育环境的重要组成部分，是对个体行为进行规范和约束的基础。学校为个体的思想和行为提供了明确的标准和框架。例如，学校通过制定校规校纪，对学生的学习、生活和行为进行规范，使个体在思想和行为上有据可依、有章可循。

第二，思想政治教育环境通过榜样示范来规范个体思想。榜样的力量是无穷的，通过树立和宣传先进典型，可以有效地引导和规范个体的思想和行为。学校可以通过评选和表彰优秀学生、优秀教师来树立榜样，激励和引导其他学生和教师学习先进典型，规范自己的思想和行为。

三、高校思想政治教育环境育人机制的构建

高校思想政治教育环境的构建是培养青少年健康成长的重要环节，构建有效的思想政治教育环境，需要从以下方面着手。

第一，学校教育机制的建设。学校是青少年思想政治教育的主要阵地。学校应建立完善的思想政治教育课程体系，包括国学、道德、法治、公民教育等方面的内容，注重理论联系实际，引导学生树立正确的世界观、人生观和价值观。同时，加强学生的体育锻炼和艺术修养，提升学生综合素质，培养学生积极向上的精神面貌。

第二，增强教师队伍的专业化水平。教师是思想政治教育的重要实施者，他们的专业素养直接关系到教育效果。因此，要加强教师队伍的培训和引进，提高他们的专业水平和思想政治素养。鼓励教师积极参加各种教育培训和学术交流活动，不断更新教育理念和教学方法，以更好地适应时代的需求。

第三，创新思想政治教育方式方法。随着时代的发展，传统的思想政治教育方式已经不能完全适应现代青少年的需求。因此，要不断创新思想

政治教育的方式方法，利用现代科技手段，如互联网、多媒体等，设计丰富多彩的教育活动，增强学生的学习兴趣和参与度。

第三节　高校网络思想政治教育的创新实施

一、高校网络思想政治教育方法的层次与实施

（一）高校网络思想政治教育方法的层次结构

网络的迅速发展，给高校思想政治教育传统方法带来巨大的冲击，同时也促进了大学生网络思想政治教育方法的形成和发展。❶ 高校网络思想政治教育方法一般可以分为三层，包括哲学方法、科学方法和学科方法。这三个层次不仅相互联系，而且相互促进，共同构建了高校网络思想政治教育的有效实施机制。

第一，哲学方法是高校网络思想政治教育的基础。哲学方法强调对于思想政治问题的综合性、系统性、历史性的认识。通过以马克思主义为指导的哲学思想体系，引导学生从宏观的角度去认识和分析网络思想政治教育中的重要问题，如理论基础、思想政治文化、道德伦理等。此外，哲学方法还注重培养学生的思辨能力和批判精神，让他们能够主动思考和分析问题，形成独立的思想意识。

第二，科学方法是高校网络思想政治教育的重要手段。科学方法强调通过科学研究和实践经验探索网络思想政治教育的规律性和实效性。在高校网络思想政治教育中，利用科学调查、实验研究、观察记录等方法深入了解学生在网络时代面临的思想和政治问题，为制定科学合理的教学方案提供依据。同时，科学方法也强调理论与实践相结合，通过引导学生参与社会实践，积累实践经验，增强他们的思想政治素养。

第三，学科方法是高校网络思想政治教育的具体实施手段。学科方

---

❶ 武英梅.大学生网络思想政治教育的方法途径研究 [J].科教导刊（中旬刊），2013（18）：78.

法是指以网络思想政治教育学科为基础，通过针对性的教学内容和教学方式，培养学生的思想觉悟和政治素养。在高校网络思想政治教育中，学科方法可以包括理论讲授、案例分析、课外阅读等多种形式，以确保学生全面了解网络思想政治教育的理论知识和现实问题，并且能够主动应用和运用这些知识解决实际问题。

（二）高校网络思想政治教育方法的实施

1. 构建"主题网站"

现在多数高校主要通过建设"主题网站"，加强大学生网络思想政治教育，这一方法必将在今后的实践中发挥极大的作用。要通过主题网站进一步加强大学生网络思想教育，必须了解主题网站建设的意义、基本要求、具体方法和在实践中需要注意的问题等。

（1）"主题网站"建设的意义。信息化速度的加快，使越来越多的大学生成为网络世界中的一员，这些变化使大学生的思想教育延伸到网络虚拟世界，建设"主题网站"可以有效深入加强大学生的网络思想政治教育。"主题网站"的建设表明网络的发展对网络思想政治教育提出了新挑战，创新了高校思想政治教育的途径和方法。要让互联网成为传播先进文化阵地的一部分，建设好"主题网站"是重要一环。因为"主题网站"不仅能够及时获取大学生的反馈信息，还能够使高校思想政治教育事业更加具有针对性和有效性，促进其不断发展。

（2）"主题网站"建设的要求。

第一，全面性要求。"主题网站"的建设主要是为了加强大学生网络思想政治教育，其内容和网络信息必须全面、客观，如此才能让大学生在对社会基本情况全面了解的基础上有个人的判断。

第二，导向性要求。即各大高校建立的"主题网站"内容应该是积极健康向上的。"主题网站"的内容要兼顾统一性和多样性，是由学校教育的性质所决定。信息内容如果过于多元，会使教育者迷失在信息流中，无法做出正确判断。

第三，广泛性要求。"主题网站"的建设要充分发挥两个方面的积极性：①在坚持教育者主导地位的前提下，充分发挥校内一切有效性的信息资源；②积极引导大学生广泛参与，在参与的大学生群体中实现广泛性，也让大学生在实际参与过程中准确熟悉把握社会信息和发展规则，在参与过程中实现大学生网络思想政治教育的深化。

第四，针对性要求。针对大学生关心的热点和难点问题，在传播网络信息、设置内容频道、网页、语言等方面，要将思想政治教育理论用更加生动、形象且富有吸引力的形式展现出来，力求达到吸引学生主动学习，实现加强和深化大学生网络思想政治教育的目标。

2.通过网络进行网上专题教育

根据大学生网民的发展需求以及思想政治教育目标，可以将网上专题教育形式进行分类。现阶段，网上专题教育的形式主要包括以下类别：

（1）网上专题论坛。在网络平台上，通过讨论的方式，根据某一主题，让施行主体与接收主体发表各自的想法和意见，从而实现信息的交流和共享，并从中受到启发。现阶段，在网络专题论坛的各种形式中，网络博客作为大学生网民常用的网络方式，对大学生网络思想政治教育而言，具有至关重要的作用。

在大学生网络思想政治教育发展中，作为施行主体，要充分发挥网上专题论坛的功能，需要做好四点基本要求：①网上专题论坛的主体要与大学生的现实生活特点相符，原因在于网络思想政治教育能够激发大学生的主观能动性；②施行主体在与大学生网民进行交流的过程中，要引导他们将注意力集中在思想政治教育内容上，以确保讨论内容与主题相符；③施行主体要通过网络平台建立"回音"等栏目，组织和协调有关部门集中解决大学生所反馈的问题，防止不良问题发生；④施行主体要将网上专题论坛与其他专题活动相结合，保证专题论坛的功能得到最大化发挥。

（2）网上心理咨询。网上心理咨询是指心理咨询工作者在网络平台上针对来访者提出的心理困惑和生活实际问题等给予指导和解决。心理咨询者应用不同的咨询技巧和方式帮助来访者摆脱心理危机、纠正认知偏差、克服情绪障碍等，更重要的是，帮助来访者实现自我成长。相对于现实生活中的心理咨询，网上心理咨询体现出显著的优势特征，主要包括：①咨询费用相对较低；②打破时间与空间的局限性；③咨询效率较高，便利条件较多；④咨询双方匿名进行交流，来访者可以自由且无所顾忌地向咨询者诉说，为心理咨询活动的展开奠定稳定基础。

3. 参与网上调研与虚拟实践活动

（1）网络调研。参加网上调研可以帮助大学生深入了解当前社会和国家的发展状况。通过参与调查问卷、参观展览和参与在线讨论等活动，大学生可以了解社会经济发展、科技进步、文化传承等方面的最新动态，增强对国家发展的整体认识。这种调研不仅能够拓宽大学生的知识面，还能提高他们的信息获取能力和分析能力，培养他们的综合素质和批判思维。

（2）虚拟实践活动。

第一，虚拟实践活动。大学生网络思想政治教育虚拟实践是指实施主体为了达到教育目的、传达教育内容而利用计算机网络在虚拟空间内开展的大学生网民能动改造的所有实践活动的总称。一方面，虚拟实践需要的客观手段及物质条件需要在现实实践中创造，如果没有它们，则虚拟实践难以进行；另一方面，虚拟实践的内容原型由现实实践而来。某种程度上讲，虚拟实践是对现实内容的模拟。

第二，虚拟实践的意义。一般而言，虚拟实践的意义主要包括：①通过网络虚拟实践，可以帮助大学生网民加深对课堂内容的理解，提高自我认知水平；②虚拟实践可以帮助大学生网民更好地认识世界、改造世界，锻炼他们明辨是非、美丑与善恶，从而养成优良的行为习惯，并演变为面对问题的态度、观点与处理方法，使大学生网民能够更好地适应现实社会。

二、高校网络思想政治教育生态化的实践路径

（一）提高思想政治教育工作者的教育水平

1. 提升思想政治教育者的总体素质

（1）政治素质是提高网络思想政治教育者素质的基础。教育者需要坚持正确的政治思想立场，树立正确的思想品质和政治素养。只有具备正确的政治思想立场，才能够在纷繁复杂的网络文化中坚持社会主义道路，保持清醒的头脑开展网络思想政治教育工作。因此，在培养教育者的过程中，应加强对政治理论的学习，提高其对社会主义核心价值观和中国特色社会主义伟大事业的认识。

（2）教育者需要拥有创造力和创新力。网络思想政治教育工作是一个不断发展和变化的领域，教育者应对任何事物都抱有探索的精神，拥有创新和发散的思维。教育者应不断研究和借鉴国内外先进的网络思想政治教育经验，探索出具有创意和针对性的工作方法。

（3）教育者应与社会潮流发展同步，拥有时代精神。大学生是网络世界的主体之一，教育工作者要主动了解大学生的网络行为和习惯，及时调整教学方法，推陈出新。大学生对新事物的接受能力较强，教育者应抓住这一特点，通过多媒体、互联网和移动终端等新技术手段传播社会主义核心价值观，提高教育的吸引力和有效性。同时，教育者还需要保持学习的态度，持续关注社会变化和网络空间的发展，不断更新自己的知识和理念，以适应快速变化的网络环境。

2. 构建全面高效的高校思想政治教育工作体系

高校在构建思想政治工作体系时，需深刻认识到网络与现实教育的双重重要性，并致力于实现二者的有机融合。高校作为培养新时代青年的主阵地，其思想政治工作必须紧跟时代步伐，密切关注大学生在现实生活中的思想动态与需求，高度重视他们在网络空间中的思想发展与困惑。网络已成为大学生生活不可或缺的一部分，教育工作者应积极拓展网络思想政治教育的广度与深度，依据大学生的网络行为特征与心理需求，精心设计

教育内容与形式，使网络教育成为现实教育的有益补充，共同促进大学生思想政治素质的全面提升。

在推进思想政治工作的过程中，知识的普及与沟通交流是不可或缺的关键环节。网络平台以其便捷性、广泛性成为传播思想政治教育的重要渠道。教育者应充分利用新媒体技术，如社交媒体、在线论坛等，创新教育方式，广泛传播正能量与核心价值观，引导大学生树立正确的世界观、人生观、价值观。现实生活中的面对面交流同样具有不可替代的价值，通过组织丰富多彩的实践活动，教育工作者能更直接地了解大学生的思想状况，与他们进行深度对话，从而更有效地传递思想政治教育的精髓。

高校构建思想政治工作体系需注重实施效果与监督反馈，应建立健全思想政治工作机制，明确各级职责，确保工作措施的有效落实，建立一套科学、完善的监督评估体系。监督部门应定期对思想政治工作进行检查与评估，及时发现并纠正存在的问题，通过持续改进与优化，确保思想政治工作规则的切实执行与工作的顺利推进。

3. 建立网络思想政治教育的培训机制

（1）政治思想培训是网络思想政治教育培训机制的重要组成部分。教育者需要通过政治思想培训，提高他们的理论水平和政治素养，以更好地为学生普及政治知识。政治思想培训可以包括政治理论学习、党的路线方针政策学习、社会主义核心价值观的理解和宣传等。培训内容应与网络思想政治教育的目标相契合，注重实用性和针对性。

（2）业务水平培训是构建网络思想政治教育培训机制的重要方面。大学生网络思想政治教育者应该具备基础性的计算机操作技术，能够熟练运用计算机和互联网进行思想政治教育工作。他们需要了解网络思想政治教育的规范，掌握如何借助网络平台进行教育和传播。

（3）网络思想政治教育培训还应注重实践环节。培训机制应设立实践教学环节，让教育者能够亲身参与网络思想政治教育实践活动。通过实际操作和实践经历，教育者能够更好地理解和应用网络思想政治教育的理论和方法。实践环节还可以提供机会让教育者和学生进行互动和交流，了解学生的需求和反馈，不断完善和改进教育策略。

（二）重塑大学生网络思想政治教育中的师生关系

大学生网络思想政治教育的首要任务是强化教育者与受教育者的身份认同，这一过程的独特性在于，双方虽身处虚拟空间，但角色与责任却异常明确。教育者需深刻理解自身肩负的引导与培育重任，而受教育者亦应明晰自己在知识汲取与品德塑造中的核心地位。唯有双方都能认同并尊重彼此的角色设定，才能为构建和谐稳固的师生关系奠定坚实基础。

网络世界作为大学生网络思想政治教育的重要舞台，为师生关系的建立提供了全新背景。教育者与学生需共同沉浸于这一特定情境，通过网络的即时互动与深度交流，真切体会网络教育的便捷与高效。如此构建的师生关系，不仅更加贴近当代大学生的生活实际，也更有利于双方开展真诚、有效的沟通，促进教育效果的显著提升。

"以人为本"的教育理念，始终是大学生网络思想政治教育的核心价值追求，在这一原则指引下，教育的最终目标定位于促进每一位学生的全面而平等地发展，服务于社会的整体进步与人民的福祉。在网络这一平等开放的平台上，教育者应摒弃传统权威角色，转而成为学生的倾听者与引导者。他们需从学生的实际需求出发，探索多样化的教学方法，量身定制个性化教学方案，以充分激发学生的内在潜能，培养出既具备专业知识又拥有高尚品德的全面发展的社会栋梁。

第四节　高校思想政治教育与区域文化的发展

一、区域文化的特征

（一）独特性

各地区的区域文化之所以独具特色，主要源自其传播内容、传播价值和传播形式的独特性，这种独特性使其具有不易被模仿的竞争优势。从文化学的角度来看，自然地理环境在区域文化形成过程中发挥着决定性作用，对区域文化特征的形成起到了潜移默化的作用。各地区的自然地理、生产工具以及劳动力水平等因素的结合决定了人类的生产方式，形成了不同的生产关系，从而产生了独特的区域文化特征。这些特征主要表现在区域文化的整体结构和内容层面。

各地区的自然地理环境对其区域文化的形成具有重要影响。自然地理环境包括地形、气候、土壤等因素，它们决定了人类的生活方式、经济活动和文化传承方式。例如，山区的居民可能会形成独特的山地文化，其生活方式、信仰习俗和艺术表现形式都与山地环境密切相关；而沿海地区的人们可能会形成海洋文化，其生活方式、经济活动和文化传承方式也会与海洋环境息息相关。不同地区的自然地理环境塑造了其独特的区域文化特征。

各地区的生产工具和劳动力水平也是影响区域文化形成的重要因素。不同地区的生产工具和劳动力水平决定了其经济活动的类型和规模，进而影响了其文化形态和价值取向。例如，农业社会的地区可能会形成以农耕文化为主导的区域文化，而工业化程度较高的地区可能会形成以工业文化为主导的区域文化。不同地区的劳动力特点和分工也会影响其文化传承方式和社会价值观念的形成。

（二）凝聚性

区域文化的凝聚性是从文化传播的受众角度来体现的。区域文化对具有相同区域文化底蕴的群体来说具有极为重要的意义。它不仅是一种文化传承和表达的载体，更是一种内在的凝聚力，能够让人们找到认同感，形成群体归属感，从而促进社会团结和稳定。

在人类社会中，认同感是一种重要的心理机制。人们通过对某一事物或特性的认知，将自己与之联系起来，形成对其的认同。区域文化认同即是指个人或群体在特定地域背景下，因共同的文化传承和历史积淀而形成的一种统一感。这种认同感不仅是一种文化身份的认同，更是一种对地域和社群的情感归属。

区域文化的认同感可以凝聚个人和群体之间的情感纽带，促进社会的稳定和发展。当人们对自己所处的地域文化感到认同和自豪时，就会更加愿意为这个地方的发展和繁荣作出贡献。他们会积极参与到地方文化活动中，传承和弘扬本地区域文化，同时也会更加关心和支持当地社会事务的发展。除了个体层面的认同感，区域文化的认同也具有群体层面的凝聚作用。具有相同区域文化底蕴的人群，往往会因共同的文化价值观念和生活方式而形成紧密的群体联系。这种群体凝聚力不仅促进了社会的和谐与团结，也为个体提供了一种情感支持和社会依托。

区域文化的认同感和凝聚性是区域文化的重要特征，它不仅是文化传播的结果，更是社会稳定和发展的重要保障。只有深入挖掘和传承区域文化的内涵，加强对地域文化认同的培育和弘扬，才能更好地促进社会的团结和进步。

（三）价值性

区域文化的核心是其所承载的意识形态和价值观念。这些价值观念并非直接呈现在人们的生活中，而是通过对人和环境的影响而间接地创造出来的。在一个特定的区域环境中，区域文化的这种价值观念成为整个区域系统的核心价值和精神灵魂。

区域文化的价值观念不仅是一种显性、易于表现的价值，更是通过人们的生活方式、行为习惯、信仰等方面的表现而得以体现的。这种价值观念是由区域的历史、地理、社会等因素共同塑造而成的，具有深厚的文化内涵和传承意义。区域文化的价值特性使其在本地区具有比其他文化更强的传播优势和价值潜力。这是因为区域文化所承载的价值观念与当地人民的生活息息相关，更能够引起他们的共鸣和认同。在传播过程中，区域文化能够更好地被接受和传承，为当地社会带来有效的价值和利益。

区域文化的传播不仅是一种文化现象，更是一种文化力量。通过区域文化的传播，人们能够更好地认识和理解自己的文化身份，增强文化自信心，推动文化创新和发展。区域文化的传播也能促进不同地域之间的文化交流与合作。深入挖掘和传承区域文化的价值观念，不仅有助于弘扬当地文化，也能为促进社会和谐、文明进步作出重要贡献。只有充分认识到区域文化的价值特性，才能更好地发挥其在文化传播和社会发展中的作用，实现文化繁荣和人类共同进步的目标。

（四）整合性

区域文化是一个多元而复杂的概念，它是由区域内各种文化因素的整合而形成的一种综合文化。在漫漫的历史长河中，区域文化展现出相对稳定的特点，但却远非静止不变，而是充满了活力和变化。它既在区域内部形成了文化交融，又在区域间进行着文化融合，这种动态的过程使区域文化传播成为一个复杂而富有挑战性的课题。

区域文化传播不仅涉及文化产品和文化品牌，还涉及传播技术、信息传播能力、传播效率和受众满意度等多个方面。在现代社会，随着科技的发展和全球化的进程，区域文化的传播方式也发生了巨大的变化。传统的口口相传、书信往来的传播方式逐渐被互联网、社交媒体等新兴的传播渠道所取代，这为区域文化的传播提供了更为广阔的空间和更为多样化的形式。

区域内各种文化及传播因素的整合使信息传递的价值性得到最大实现。通过充分整合区域内不同文化的特点和优势，可以形成更具吸引力和竞争力的文化产品和品牌，从而提升传播效果和受众满意度。跨区域之间的文化融合也能够促进文化交流和共享，拓展文化的传播范围，加深文化的内涵和外延，实现区域文化的综合效应。

区域文化传播是一个涉及多个方面的复杂系统工程，需要充分整合各种文化资源和传播要素，注重文化传播的价值性和效益性，实现区域文化的整合性价值，发挥各地区区域文化的综合效应，为文化的繁荣发展和社会的进步提供有力支撑。

二、区域文化中的思想政治教育资源

（一）区域文化是思想政治教育的重要素材

区域文化是大学生思想政治教育取之不尽的宝藏和财富，为人才培养提供了强有力的思想宝库、精神动力和智力支持。任何一所高校都处在富有特色的文化区域中，学生一旦长期处于某种特定的地方文化氛围中，也会自然而然地受到该区域文化的影响，会对该地区的文化传统产生兴趣和亲和感。那些凝聚在地方历史文化、风土人情、时代风貌中的地域精神以及承载这些精神的历史遗迹、文物、博物馆、纪念馆、展览馆、烈士陵园和杰出人物等都成为一种富有潜力和特色的思想政治教育资源。挖掘和利用区域文化中的思想政治教育资源，能够使大学生的思想政治教育更加贴近生活、贴近教育对象、贴近实际，更有说服力和感染力，从而提高思想政治教育的针对性、实效性。

区域文化是人类文化的重要组成部分，发掘其中丰富的思想政治教育资源，并将其运用到思想政治教师的教学实践与学生的思想品德行为养成实践中，使大学生所接受的思想政治教育更有亲和力、感染力和说服力。区域文化是发展中国特色社会主义文化、建设社会主义文化强国的宝贵财富。高校思想政治教育工作要大力加强区域文化研究，拓展中华文化研究的区域视角，提高区域文化与高校思想政治教育的有效融合程度，提升当代大学生思想政治教育的质量。在实际教学工作中，要通过创新教育方式，深挖区域文化中蕴含的思想政治教育资源，不断革新和完善当代高校思想政治教育内容，发挥区域文化与思想政治教育融合教学的独特魅力。

区域文化的深入挖掘和有效利用对于大学生的思想政治教育具有重要意义。通过深入研究区域文化的历史渊源、精神内涵以及特色传统，可以使学生更加深入地了解和认识自己所处的文化环境，增强文化自信心和认同感。将区域文化融入课程教学中，设计相关的教学内容和活动，可以使学生在学习中感受到文化的魅力，增强对文化传统的尊重和理解。通过组织参观、实地考查等实践活动，使学生亲身体验和感受区域文化的魅力，进一步加深对文化传统的认同和热爱。

在高校思想政治教育中，区域文化的融合应该贯穿于教育全过程中的各个环节。在课堂教学中，可以通过讲解相关的地方历史、传统文化、地方风土人情等内容，引导学生了解和思考自己所处的文化环境，增强文化自觉性和自信心。在学生管理和日常教育管理中，可以通过举办文化活动、组织文化考察等方式，丰富学生的课余生活，增强文化认同感和凝聚力。在社团组织和社会实践中，可以通过开展文化传承、文化创作等活动，促进学生对文化传统的传承和发展，培养学生的文化自觉性和责任感。

（二）区域文化是思想政治教育的人文根基

区域文化是指在特定地域内形成的具有独特历史、风土人情和文化传统的文化现象，它蕴含着丰富的历史积淀和地域特色，是中华民族优秀文化的重要组成部分之一。在大学生思想政治教育中，区域文化扮演着重要的角色，主要体现在以下方面。

第一，区域文化丰富了学生的体验。学生在接触和体验地域文化的过程中，不仅可以感受到社会与自然的融合，还可以培养情感与态度，以及体验为地域内社区服务的成就感。通过参与地域文化活动和项目，学生能够深入了解当地的历史文化、民俗风情，增强对文化传统的认同感和归属感，从而更好地融入社会生活。

第二，区域文化培养了学生的社会性。地域是个体社会性形成的原动力，社区是人们共同生活的场所，为学生的社会性形成和发展提供了广阔的天地。通过参与社区活动和服务，学生能够了解社会生活的复杂性和多样性，培养团队合作精神、社会责任感和公民意识，促进个人全面发展和社会和谐进步。

思想政治教育作为一种社会实践活动，是建构在人的基础上，以解决人的思想、立场和观点问题为核心的，而任何人的成长都有一定的文化背景，并且必须依靠文化的作用。思想政治教育主要通过文化传承和文化熏染来达到育人的目的，深受民族文化传统和历史文化背景的制约与影响。大学生的思想政治教育应当根植于地域文化的土壤中，借助区域文化的深厚人文底蕴来进行。

（三）区域文化与思想政治教育融合的措施

第一，聚焦重点内容，创新教学模式。清华大学、四川师范大学、福建师范大学、湖北工业大学等构建了"346"实践教学模式❶，将主题教育、教学资源和重点内容有机结合起来，形成了独具特色的实践教学模式。这种模式既突出了地域文化和红色精神的传承，又注重了学生实际能力的培养，为思想政治教育提供了更为丰富和深入的内容和形式。

第二，立足课堂改革，实施"356"教学法。❷这一教学法立足于课堂教学的核心地位，全国高校通过"356"教学法，将教学内容、方法和目标有机结合起来，形成了一套科学有效的教学体系。特别是在课程群中，采取"三个三"的教学法，加强了教学的针对性和导向性，为学生提供了更加丰富和有效的学习体验。

第三，拓展网络资源，微课堂覆盖面广。面对大学生"无处不网"的时代特征，学院与网络平台合作，建立教育资源服务平台，充分利用网络资源，丰富教学内容和形式，提高教学效果和吸引力。

三、区域文化在思想政治教育中的价值

第一，政治教育价值。政治观是人们对国家政治关系的根本观点，对

---

❶ "346"实践教学模式，即3个阶段（资源备学阶段、导学互动阶段、实训导做阶段），4个步骤（线下备学、线上导学、课堂导探、实训导做），6个环节（资源形成环节、自主学习环节、线上释惑环节、课堂答疑环节、实训导做环节、能力拓展环节）。

❷ "356"教学法，即"3环"（自主学习、合作研讨、展示讲解），"5步"（目标认定、自主预习、展示交流、点拨升华、作业反馈），"6化"（目标具体化、知识问题化、问题探究化、探究层次化、过程目标化、问题知识化）。

大学生进行政治教育能够培养他们遵纪守法的观念，明确自己的责任和使命，做一个忠诚于国家的"合格公民"。区域文化中蕴含的民族精神和时代精神能够强化大学生的国家观念和民族认同，为其树立正确的政治观提供坚实支撑。

第二，道德教育价值。道德是调整个人与社会关系的行为规范，而区域文化中所蕴含的优质道德观、风俗习惯、价值观等能够影响个体的价值选择和行为习惯。通过深入了解和学习区域文化，大学生能够接受良好的道德教育，形成正确的社会主义和共产主义道德观，促进社会风气的向上发展。

第三，生命教育价值。生命教育是关于关爱生命的教育，区域文化的内容能够使大学生认识到生命的伟大和珍贵，从而培养对生命的敬畏和珍惜之情。区域文化也可以作为生命教育的载体工具，丰富生命教育的内容与形式，提升生命教育的人文性和实效性。

第四，美学教育价值。美学教育能够增强人们的审美能力和审美心理，通过区域文化的艺术表现和文化传承，大学生可以感受到美的力量和魅力，从而提升自身的审美情趣和创造力。区域文化作为一种具有丰富美学资源和优势的文化形态，能够为大学生提供良好的美学教育环境和资源支持。

四、区域文化发展的关键因素

区域文化的发展是一个多维度、多因素的过程，受到历史、地理、民族、经济等诸多因素的影响。区域文化发展的关键因素如下：

第一，历史与传统。区域文化的发展深深扎根于历史与传统之中。历史上的事件、文化符号、传统习俗等都在形成并塑造着一个地区的文化特征。长期的历史积淀为区域文化提供了丰富的资源和内涵，也为后续的文化创新提供了基础和借鉴。

第二，地理环境。地理环境对区域文化的形成和发展具有重要影响。

地理条件直接影响着人们的生活方式、经济活动和文化传承方式。例如，地理环境的差异导致了不同地区的民俗风情和生活习惯的差异。

第三，民族。区域内不同民族的存在和相互影响也是区域文化发展的重要因素。不同民族的文化特征和传统习俗在一个地区的文化中相互融合、交流、碰撞，形成了丰富多彩的区域文化景观。

第四，经济发展。经济的繁荣和发展也会对区域文化产生影响。经济发展带来的财富和技术进步为文化产业的发展提供了基础，也为文化创新提供了支持。

第五，科技与全球化。科技的发展和全球化的影响正在改变着区域文化的发展方式和路径。信息技术的普及使得文化交流更加便捷，同时也带来了跨文化的融合和冲击。

五、区域文化融入思想政治教育的路径

第一，推动区域文化进入课堂。教师可以将区域文化作为公共必修课程的一部分，或者设置专门的区域文化选修课程。在课堂上，教师可以深入研究区域文化，并向学生详细讲解区域文化中所包含的人文精神、哲学思想、文学内涵、民俗、饮食等内容。学生可以更加全面地了解区域文化，并将其融入自己的思想政治教育中，成为学生学习成长过程中的养分。

第二，引导学生组建区域文化研究型学生社团。学生社团是学生进行文化交流的重要组织形式。教师可以引导学生社团开展区域文化的研究性活动，并给予其积极的思想政治引导。通过以上方式，可以提高学生的思想政治意识，深化区域文化与思想政治教育的有效融合。

第三，开展户外参观活动，增强体验。组织学生进行户外实地参观学习是高校思想政治教育的一种重要方式。在实地参观的过程中，学生可以更加直观地感受到区域文化的特征和历史遗留的厚重感与真实感。通过以上方式可以加深学生对区域文化中所蕴含的价值观和道德观的理解，促进思想政治教育与实践相结合，提升教育质量。

第四，组织学生开展以区域文化调查为主题的社会实践活动。区域文化作为中华优秀传统文化的一部分，具有重要的教育价值。教师可以组织学生参与社会实践，深入了解区域文化对当地民众价值观、道德观的影响，并思考区域文化传承的意义。

第五章　多方融合提升新时代高校思想政治教育工作的质量

第一节　高校思想政治教育与法治教育的融合

一、法治教育的必要性与内容

（一）法治教育的必要性

第一，随着社会的发展和进步，大学生法治教育愈发成为当务之急。这不仅是因为法治教育有助于减少大学生违法犯罪，更有助于维护校园的和谐稳定。在这个信息发达、社会复杂的时代，大学生群体正面临着更为多元的价值观念和更为复杂的社会环境，因此，通过深入推动法治教育，有助于引导大学生明辨是非，增强法律意识，使他们成为积极向上的社会群体。

第二，法治教育的目标在于为大学生明确法律界限，树立正确的法治观念，使其在法治框架下行使权利和履行义务。通过法律的威慑惩戒功能，法治教育有助于预防青少年犯罪，特别是在大学校园中，能有效维护校园秩序。通过深入研讨法律条文，分析典型案例，大学生将更加清晰地认识到法律的权威性，形成自觉守法的习惯，进而积极参与校园治理，为校园的安宁稳定贡献力量。

第三，大学生法治教育的影响是全面而深远的。法治教育有助于提高大学生的综合素质。深入了解法律知识、理解法治精神，可以培养大学生的综合分析和解决问题的能力，使其在面对复杂的社会矛盾时能够冷静应对。法治教育有助于培养大学生的法治观念，使其树立正确的法律道德观，形成积极向善的人生导向。法治教育还能增强大学生的法律意识，使其在行为中更加自觉地遵守法律法规，远离违法犯罪。

第四，社会主义市场经济是我国经济体制改革的必然选择，而市场经济的健康发展离不开法治的保障。市场经济是法治经济的基石，其运行必须建立在公平竞争、法律保护的基础之上。培养市场经济主体的法律意识，对于维护市场秩序、规范市场行为至关重要。只有市场主体具备了正确的法治观念和法律意识，才能够在市场竞争中做到公平守规、合法经营，从而推动整个市场经济的良性发展。

第五，实现中国梦是全体中国人民的共同愿望，而依法治国是实现中国梦的必然要求。大学生是国家的未来和希望，其法治观念的培养直接关系国家法治建设的未来。依法治国是党领导人民治理国家的基本方略，而大学生法治教育正是依法治国的基石。通过深入系统的法治课程，引导大学生树立依法治国的理念，培养他们在日常生活和社会实践中自觉遵守法律的良好习惯。这不仅是实现中国梦的内在要求，更是为建设社会主义法治国家奠定坚实的基础。

（二）法治教育的内容

1. 法律知识

在当前法治社会的背景下，普及法律知识对于大学生来说不仅是一种必要的学术追求，更是一种社会责任和时代要求。法律知识的普及不仅能够帮助大学生树立正确的法治观念，还能够提升他们的法律素养，为他们将来融入社会、服务社会打下坚实的基础。

（1）大学生系统学习法律知识的过程，是对其进行法治思维训练的过程。在学习宪法、民法、刑法等基础法律知识的同时，大学生应该学会如何运用法治思维来分析和解决问题。这不仅仅是对法律条文的死记硬背，而是要理解法律条文背后的原理和精神。例如，在学习合同法时，学生不仅要知道具体规定，还要理解合同自由、公平交易等原则的意义和应用。

（2）模拟法庭、法律讲座等教学形式能够让学生实践理论知识，提升法律实务能力。通过模拟法庭，学生可以扮演律师、法官、当事人等角色，亲身体验法律程序，锻炼法律思辨能力和口头表达能力。法律讲座则可以邀请法律界的专家学者对某些法律问题进行深入浅出的解读，帮助学生拓宽视野，更新知识。

（3）随着社会的发展。互联网法律法规、知识产权保护等新兴领域的法律问题日益凸显，这要求大学生不仅要学习传统的法律知识，还要关注新兴法律领域的发展。例如，随着互联网技术的发展，网络侵权、个人信息保护等问题逐渐成为法律调整的新焦点。大学生应当通过课程学习、参与研讨会等方式，了解和掌握这些新兴领域的法律知识。

（4）高校应当建立健全法律知识教育体系，将法律知识教育纳入人才培养的整体规划中。通过课程设置、教学方法改革、实践平台建设等措施，全面提升大学生的法律素质。同时，还应当鼓励大学生参与法学科研活动，通过科研探索不断深化对法律知识的理解和应用。

2. 法治意识

培育法治意识是构建法治社会的基石，对于大学生而言，这不仅是一种必要的法律素养，更是其成为社会有用人才的重要标志。法治意识的培养，能够让学生深刻理解法律的精神实质，认识到法律在社会生活中的重要作用，从而在思想上和行动上都成为法治的践行者和守护者。

（1）案例分析是培养法治意识的有效手段。通过研究历史上的经典法律案例，以及分析当下社会中的法律事件，学生可以直观地了解法律是如何在具体情境中运作的，理解法律规则背后的社会价值和伦理意义。案例分析不仅能够提高学生的法律实务能力，还能够激发他们对法律深层次思考的兴趣，培养他们的批判性思维。

（2）教育学生正确处理法律与道德、法律与利益的关系，是培养法治意识的关键。在现实生活中，法律与道德、法律与利益往往交织在一起，学生需要学会如何在复杂的社会环境中做出合法而又符合道德的决策。这要求高校在教学中注重法律伦理的教育，引导学生探讨法律与道德的边界，理解法律的限度和道德的力量。

（3）树立正确的法治观念，是培养法治意识的终极目标。高校应当通过多种形式的教育活动，如法治主题讲座、法治文化节等，强化学生对法治的认同感和归属感。通过这些活动，学生可以更加深刻地认识到法治的重要性，形成尊法学法守法用法的良好习惯，为建设法治国家贡献自己的力量。

3. 法律运用能力

提高法律运用能力是法治教育的重要目标，对于大学生而言，这不仅意味着理论知识的掌握，更重要的是将法律知识应用于实际生活中，解决实际问题，维护自身及他人的合法权益。为此，大学生法治教育应当采取多种方式，全面提升学生的法律实践能力。

（1）高校应鼓励学生参与法学科研活动，通过参与课题研究、撰写学术论文等方式，深入探究法律问题，锻炼法律思维和研究能力。通过法律研究，学生可以学会如何运用法律理论分析具体问题，如何在法律框架下进行逻辑推理，如何提出创新的法律解决方案。

（2）法律问题往往与经济、管理、社会等多个领域相关联，因此，大学生应当跨学科学习，了解法律与其他学科的交叉点，提升综合解决问题的能力。通过跨学科学习，学生可以更加全面地理解法律问题，更加灵活地运用法律知识解决复杂的社会问题。

二、思想政治教育与法治教育融合的可行性

法治教育作为高校重要的教学内容，是培养高校学生正确法治观的关键，能够避免其做出违反法律的事情，其中高校思想政治课程是进行法治

教育的主要场所❶，随着法治建设的深入推进和思想政治教育体系的不断完善，将法治教育与思想政治教育有机融合已成为教育领域的重要课题。这种融合不仅是对立德树人根本任务的贯彻落实，更是构建协同育人体制机制、提升思想政治教育质量和教育教学水平的现实需求。

（一）理论基础的共通性

思想政治教育与法治教育在理论基础上的共通性，为二者的融合提供了坚实的理论支撑。法治教育的理论基础主要包括法学理论、社会学理论等，强调法律的权威性和普适性，旨在培养学生的法律意识和法律素养；而思想政治教育的理论基础则涵盖马克思主义哲学、伦理学、政治学等，注重培养学生的政治觉悟、道德品质和社会责任感。尽管二者的侧重点有所不同，但二者都强调个体在社会中的责任和义务，都致力于培养学生的社会责任感和公民意识。这种理论基础的共通性，使思想政治教育与法治教育在融合过程中能够相互借鉴、相互补充，共同促进学生的全面发展。

（二）教学内容的互补性

教学内容上的互补性是思想政治教育与法治教育融合的另一重要基础。法治教育侧重于法律知识的传授、法治思维的培养以及法律信仰的树立，旨在使学生了解法律的基本内容、掌握法律的基本方法、形成对法律的尊重和信仰；而思想政治教育则更注重对学生思想、道德、政治等方面的教育引导，旨在培养学生的政治觉悟、道德品质和社会责任感。通过将法治教育融入思想政治教育，可以使学生在学习法律知识的同时，更好地理解法律背后的道德价值和社会责任，从而形成更加全面、深入的法治观念。

---

❶ 张灏. 法治思想融入高校思想政治教育研究 [J]. 公关世界，2023（24）：55.

（三）教育方式的协调性

教育方式上的协调性也是思想政治教育与法治教育融合的关键因素。法治教育通常采用案例分析、模拟法庭等实践性教学方式，让学生在亲身体验中感受法律的威严和力量；而思想政治教育则更注重理论讲授、课堂讨论等理论性教学方式，通过引导学生思考、讨论、反思来提升学生的思想素质和道德水平。在融合过程中，可以将法治教育的实践性教学方式与思想政治教育的理论性教学方式相结合，使学生在学习法律知识的同时，也能够参与到思想政治教育的实践中来。这种教育方式的协调性不仅可以提高学生的学习兴趣和参与度，还能够使学生在实践中更好地理解和运用法律知识，提升法治素养和道德水平。

（四）实践应用的契合性

实践应用的契合性是思想政治教育与法治教育融合的又一重要体现。法治教育和思想政治教育的最终目的都是培养具有社会责任感、法治素养和道德品质的公民。在实践应用中，二者可以相互促进、相互支持。一方面，法治教育可以为思想政治教育提供法律支持和保障，使学生在遵守法律的同时更好地履行社会责任和道德义务；另一方面，思想政治教育也可以为法治教育提供道德支撑和政治保障，使学生在学习法律知识的同时更加注重道德修养和政治觉悟的提升。这种实践应用的契合性使得思想政治教育与法治教育在融合过程中能够相互促进、相得益彰。

（五）社会背景的适应性

当前社会背景下，法治建设与思想政治教育面临着新的挑战和机遇。一方面，随着社会的快速发展和变革，法治建设需要不断完善和创新以适应新的社会需求和挑战；另一方面，思想政治教育也需要不断更新和完善以适应新时代的要求。将法治教育与思想政治教育相融合可以更好地适应当前社会背景下的需求和挑战。通过融合，可以使学生更好地了解社会现实和法律规范之间的关系、更好地认识自己的社会责任和义务、更好地获取运用法律武器保护自己和他人权益的能力。同时，融合也可以促进教育资源的共享和优化配置，提高教育教学的效率和质量。

三、思想政治教育与法治教育融合的方向

在当今社会，随着法治建设的不断深入和公民法治意识的提高，思想政治教育与法治教育的融合已成为教育领域的重要趋势。两者的融合旨在共同培养出既具备社会主义核心价值观，又具备法治观念和社会责任感的现代公民。以下是对思想政治教育与法治教育融合方向的详细论述。

（一）教育目标的融合

思想政治教育以培养具有社会主义核心价值观的公民为核心目标。这包括引导学生树立正确的世界观、人生观和价值观，培养爱国主义、集体主义、社会主义思想，以及民族自豪感和国家认同感。

法治教育则侧重于培养遵守法律、具有法治意识的公民。它要求学生了解国家的基本法律制度，掌握基本的法律知识，并能够在日常生活中遵守法律、维护法律尊严。

融合方向：将两者的教育目标相互融合，旨在培养既具备社会主义核心价值观，又具备法治观念和社会责任感的现代公民。这样的公民不仅能够在日常生活中遵守法律、维护社会秩序，还能够积极参与社会建设，为国家的繁荣和发展贡献力量。

（二）教育内容的融合

在教材和课程设置上，可以将法治教育的内容融入思想政治课程中。例如，在思想政治课程中增加宪法学习、公民权利与义务等法治教育内容，使学生在学习思想政治理论的同时，了解国家的基本法律制度，增强法治意识。

同时，在法治教育中也可以强调思想政治教育的核心理念。例如，在法治教育中强调公平正义、社会责任等价值观，使学生在学习法律知识的同时，可以树立正确的道德观念和社会责任感。

融合方向：通过教育内容的融合，使思想政治教育与法治教育相互渗透、相互促进。这样不仅能够丰富教育内容，提高教育质量，还能够使学生在学习过程中形成全面的知识体系和价值观念。

（三）教育方法的融合

思想政治教育通常采用讨论、辩论、案例分析等互动式教学方法，以激发学生的学习兴趣和主动性。

法治教育则注重案例分析、模拟法庭等实践性教学方法，以帮助学生更好地理解和应用法律知识。

融合方向：将两者的教学方法相互融合，相互借鉴。例如，在思想政治教育中引入法治教育的案例分析、模拟法庭等实践性教学方法，使学生在实践中理解法律知识和社会责任。这样的融合能够使教育方法更加多样化、灵活化，提高教学效果。

（四）教育资源的融合

思想政治教育拥有丰富的红色教育资源、历史文化遗址等资源，这些资源可以为法治教育提供丰富的素材和场所。

法治教育则拥有法院、法律援助中心等实践性教育资源，这些资源可以为思想政治教育提供实践平台和案例支持。

融合方向：通过教育资源的融合，实现资源共享、优势互补。例如，利用红色教育基地、历史文化遗址等资源开展法治教育活动，使学生在了解历史文化的同时增强法治意识；利用法院、法律援助中心等实践性教育资源开展思想政治教育活动，使学生在实践中理解社会主义核心价值观和道德观念。这样的融合能够提高教育资源的利用效率和效果。

第二节　高校思想政治教育与学生管理工作的融合

一、高校思想政治教育与学生管理工作融合的必要性

在高等教育体系中，高校思想政治教育与学生管理工作的融合不仅是教育发展的必然趋势，更是时代赋予我们的重要使命。推动高校思想政治教育与学生管理工作有机融合，可以全面发挥各自价值优势，实现提高思想政治教育成效、优化学生管理工作的目标。❶这种融合不仅体现在教育理念上，更在实际的教育工作中得到了充分的体现。

（一）学生管理工作的必然要求

第一，提升学生综合素质。高校思想政治教育旨在培养学生的世界观、人生观和价值观，帮助他们树立正确的道德观念和社会责任感，而学生管理工作则侧重于规范学生的行为，提升他们的自我管理能力。将两者融合，可以在规范学生行为的同时，提升他们的道德素质和社会责任感，从而实现学生综合素质的全面提升。

第二，加强学生自我管理。学生管理工作需要依托一定的规章制度来约束学生的行为，但这种约束往往带有一定的强制性，而高校思想政治教育则可以通过引导学生树立正确的价值观念，使他们在内心深处形成自我约束的力量。将两者融合，可以使学生管理工作更加人性化、科学化，提高学生的自我管理能力和自律意识。

第三，优化学生发展环境。学生管理工作不仅要关注学生的行为表现，更要关注他们的成长环境。高校思想政治教育可以通过开展各类主题教育营造良好的校园文化氛围，为学生提供积极向上的发展环境。将两者

---

❶ 赵慧军.高校思想政治教育与学生管理工作融合探索[J].中学政治教学参考，2024（01）：98.

融合，可以使学生管理工作更加关注学生的成长需求，为学生提供更加优质的教育资源和发展空间。

（二）社会经济发展对人才的要求

第一，培养具备创新精神的复合型人才。随着社会经济的不断发展，对人才的需求也越来越多样化。高校作为人才培养的重要基地，必须紧跟时代步伐，培养具备创新精神和复合能力的人才。将思想政治教育与学生管理工作相融合，可以使学生在学习专业知识的同时，接受更为全面、深入的思想教育，培养他们的创新精神和实践能力，使他们成为适应社会发展需要的复合型人才。

第二，提升学生团队协作和沟通能力。在现代社会中，团队协作和沟通能力已成为人才必备的素质之一。高校思想政治教育可以通过开展各类团队活动和实践活动，培养学生的团队协作精神和沟通能力；而学生管理工作则可以通过加强对学生日常行为的管理和引导，使他们更好地融入集体，学会与他人合作和沟通。将两者融合，可以使学生在这方面的能力得到更加全面的提升，为他们未来的职业发展打下坚实的基础。

第三，塑造学生正确的职业道德观。随着市场竞争的加剧和职业环境的不断变化，学生需要具备正确的职业观念和道德观念来应对各种挑战。高校思想政治教育可以通过引导学生树立正确的价值观念，使他们明确自己的职业方向和发展目标，而学生管理工作则可以通过加强对学生职业规划和就业指导的支持和帮助，使他们更好地适应职业环境和发展需求。将两者融合，可以使学生在这方面得到更加全面、深入的教育和指导，为他们未来的职业发展奠定坚实的基础。

二、高校思想政治教育与学生管理工作融合的意义

在当今高等教育体系中，高校思想政治教育与学生管理工作的融合具有深远的意义。这种融合不仅是对教育理念的更新，更是对教育实践的一

种创新。

第一，夯实理论指导基础，为大学生思想政治教育工作指明道路。高校思想政治教育与学生管理工作的融合，首先意味着将马克思主义等先进理论融入学生管理的日常实践中。这不仅能够为学生提供坚实的理论指导，还能够使他们在学习和生活中更加明确方向。在融合的过程中，高校思想政治教育将为学生揭示社会现象背后的深层次原因，帮助他们形成正确的世界观、人生观和价值观。同时，学生管理工作将依托这些理论，制定出更加科学、合理的规章制度，为大学生的健康成长提供有力保障。这种融合使得大学生思想政治教育工作有了更加明确的道路指引，有助于提升教育的针对性和实效性。

第二，提高大学生道德水平和政治觉悟。高校思想政治教育与学生管理工作的融合，有助于提升大学生的道德水平和政治觉悟。通过融合，学生管理工作将更加注重对学生道德品质的培养，通过各类活动和实践，让学生在实践中感悟道德的力量，提升道德水平。同时，思想政治教育将为学生提供更加深入的政治教育，帮助他们了解国家大事、国际形势，增强国家意识和民族自豪感。这种融合使得大学生在道德和政治方面都有了更加明确的认识和追求，有助于培养他们的社会责任感和历史使命感。

第三，有利于高校党委坚守意识形态主阵地。高校作为意识形态工作的重要阵地，必须坚守好这块阵地。高校思想政治教育与学生管理工作的融合，有助于高校党委更好地履行这一职责。通过融合，高校党委可以更加深入地了解学生的思想和行为动态，及时发现和纠正各种错误思潮和不良行为。同时，融合还能够为高校党委提供更加有力的抓手和工具，使得意识形态工作更加具体、生动。这种融合使高校党委在坚守意识形态主阵地方面有了更加坚实的基础和保障，有助于维护高校的稳定和发展。

第四，促进学生的全面发展。融合使高校思想政治教育和学生管理工作更加紧密地结合在一起，形成了一个有机整体。这种整体性的教育模式有助于促进学生的全面发展，让他们在知识、能力、素质等方面都得到全面提升。

第五，提升高校教育质量。通过融合，高校思想政治教育和学生管理工作将更加注重教育质量和效果。这不仅能够提升大学生的综合素质和竞争力，还能够为高校赢得更好的社会声誉和认可。

第六，推动高校管理创新。融合将促使高校在管理理念、方法和手段上进行创新，以适应时代发展的需要。这种创新不仅能够提升高校的管理水平，还能够为高校的发展注入新的活力和动力。

三、高校思想政治教育与学生管理工作融合的路径

（一）营造良好的舆论氛围

在信息化浪潮汹涌而至的当下，高校思想政治教育与学生管理工作的融合需要特别注重网络舆论环境的构建。为此，高校应着力营造一种积极健康、正向引导的网络舆论生态，以此作为融合工作的有力支撑。

首先，高校需强化网络舆论的引导力。这要求相关教育工作者，特别是承担思想政治理论课程教学任务的教师，在进行思想政治教育与学生管理工作时，坚持"教师主导、学生主体"的原则。他们应深入分析当前的社会背景和网络环境，精准把握政治舆情的动态，针对大学生关心的热点问题给予及时、有效的回应。同时，教育工作者应与学生进行深度交流，了解他们的思想困惑、心理压力，提供必要的帮助和支持，确保思想政治教育工作的针对性和实效性。

其次，高校应重视校园舆论环境的建设。校园是大学生生活、学习的重要场所，其舆论环境对大学生的思想、心理和行为具有深远影响。因此，高校应加大对校园舆论环境的投入和管理力度，通过举办各类主题教育、设立意见箱等方式，收集学生的意见和建议，及时发现并解决问题。同时，高校应加强对校园论坛、社交媒体等平台的监管，确保信息传播的准确性和健康性。

最后，高校应充分利用现代信息技术手段，提升对网络舆论的引导能力。通过设立专门的网络舆情监测机构，对学校官网、微博等平台的言论

进行实时监测和管理，及时发现并处理不良信息。同时，高校应加强与主流媒体的合作，利用他们的权威性和影响力，传播正能量，弘扬社会主义核心价值观，为大学生营造一个健康、积极、向上的网络环境。

（二）提高大学生思想道德素质和政治觉悟

在当前复杂多变的社会环境中，为有效促进高校思想政治教育与学生管理工作的深度融合，提升大学生的思想道德素质和政治觉悟显得尤为关键。这不仅关乎大学生的个人成长与发展，更是高等教育培养时代新人的重要使命。

首先，高校应当将提升大学生的思想道德水平作为核心任务。通过系统的思想政治教育课程，引导大学生树立正确的世界观、人生观和价值观，培养他们具备高度的社会责任感和历史使命感。教育工作者应着重强调将个人利益与国家利益、民族利益相统一的重要性，使大学生深刻理解个人与集体、国家之间的紧密联系，从而自觉发扬集体主义精神和爱国主义精神。

其次，加强大学生的政治素养培育至关重要。高校应通过组织多样化的政治学习和实践活动，使大学生深刻理解中国特色社会主义制度的优越性，增强对中国特色社会主义道路、理论、制度、文化的认同感和自信心。教育工作者应着重强调"四个意识"和"四个自信"的培育，使大学生深刻理解"两个确立"的决定性意义，并自觉践行"两个维护"的要求。

在提升大学生思想道德素质和政治觉悟的过程中，高校的思想政治教育工作者扮演着举足轻重的角色。他们应当紧密结合高校思想政治教育工作的总体目标和学生管理的实际需求，制定切实可行的教育计划和管理措施。具体而言，教育工作者可以通过开展主题班会、专题讲座、社会实践等活动，引导大学生积极参与其中，通过亲身体验和感悟来加深对思想道德教育和政治素养培育的理解与认同。

此外，高校还应注重培养大学生的自律能力和法治意识。教育工作者应加强对大学生的法律教育和纪律教育，使他们自觉遵守法律法规和校规校纪，维护校园秩序和社会稳定。同时，教育工作者还应积极传播正能量，弘扬社会正气，鼓励大学生积极投身社会实践和志愿服务活动，为社会做出自己的贡献。

（三）加强高素质思想政治教育教师队伍建设

在高校教育中，实现思想政治教育与学生管理工作的深度融合，构建一支高素质、专业化的思想政治教育教师队伍是不可或缺的关键环节。这一教师队伍的建设，不仅直接关乎高校育人目标的实现，更是推动大学生全面符合社会发展对人才要求的重要保障。要构建这样一支教师队伍，首先必须解决其职业发展和工资待遇问题，这是激发教师工作积极性、提高教师队伍整体素质的突破点。高校应建立合理的薪酬体系，确保思想政治教育教师获得与其贡献相匹配的报酬，同时提供丰富的职业发展机会，如参与科研项目、学术交流、专业培训等，以激发其持续发展的动力。

高素质的高校思想政治教育教师，应具备多方面的特性。首先，他们应当具备深厚的思想政治理论素养，能够准确把握国家大政方针，引导学生坚定正确的政治立场。其次，他们应具备较强的组织协调能力，能够妥善管理学生日常事务，确保学生工作的有序进行。此外，他们还应具备良好的沟通能力，能够与学生建立和谐的关系，及时了解和解决学生的问题。

在网络时代，思想政治教育教师应积极利用现代通讯工具，如微信、QQ 等，与学生进行沟通交流。这种交流方式不仅方便快捷，而且能够深入了解学生的思想动态，及时发现和解决学生的问题。同时，教师还应关注学生的日常生活和行为，对其进行及时的管理与规范，确保学生能够在正确的轨道上健康成长。

在思想政治教育与学生管理工作的融合过程中，教师还应积极发挥指导者和引路人的作用。他们不仅要关注学生的学业成绩，更要关心学生的身心健康和全面发展。通过个性化的指导和帮助，引导学生树立正确的价值观、人生观和世界观，为学生未来的成长和发展奠定坚实的基础。

第三节　高校思想政治教育与创新创业教育的融合

一、高校思想政治教育与创新创业教育的关系

高校思想政治教育与创新创业教育之间的关系，可以概括为相互包含、相互促进的辩证统一体。

（一）思想政治教育内含创新创业教育

第一，思想政治教育内含创新创业教育的方向把握。思想政治教育在高校教育中发挥着思想引领、价值塑造的重要作用。在创新创业教育中，思想政治教育通过引导学生树立正确的世界观、人生观和价值观，帮助学生明确创新创业的方向和目标，确保创新创业活动符合国家、社会和个人的发展需求。

第二，思想政治教育内含创新创业教育的价值引领。在创新创业过程中，学生面临着各种诱惑和挑战。思想政治教育通过弘扬社会主义核心价值观，强化学生的道德观念和法律意识，引导学生在创新创业中坚守道德底线，实现个人价值与社会价值的统一。

第三，思想政治教育内含创新创业教育的重要内容。思想政治教育在内容上涵盖了历史、文化、法律、道德等多个方面，这些内容为创新创业教育提供了丰富的素材和灵感。同时，思想政治教育还注重学生创新思维和创业能力的培养，为学生创新创业提供了有力支持。

（二）创新创业教育丰富、发展和检验思想政治教育

第一，创新创业教育为思想政治教育的充分开展提供载体。创新创业教育为学生提供了实践平台，使学生能够在实践中深化对思想政治理论的理解和应用。通过参与创新创业活动，学生可以更加直观地感受到思想政

治理论在现实生活中的指导作用，从而增强对思想政治理论的认同感和归属感。

第二，创新创业教育有助于丰富大学生教育的内涵。创新创业教育注重培养学生的实践能力和创新精神，这与高校思想政治教育的育人目标高度契合。通过创新创业教育，学生不仅能够掌握专业知识，还能够提升综合素质和创新能力，为未来的职业发展和社会适应能力打下坚实基础。

第三，创新创业教育是检验高校立德树人成效的客观标尺。创新创业教育的实践成果是检验高校立德树人成效的重要标尺。通过创新创业教育，学生将所学知识和能力转化为现实生产力，为社会创造价值和财富。这不仅能够体现学生的个人价值和社会价值，还能够反映高校在人才培养方面的质量和水平。因此，创新创业教育对于高校立德树人工作具有重要的检验和推动作用。

二、高校思想政治教育与创新创业教育融合的必要性

（一）促进大学生更好地实现对创新创业教育的个人追求

高校思想政治教育与创新创业教育融合是新时代高校创新型人才培养的主旋律之一。[1]思想政治教育的作用是培养学生的认知能力，让学生对自我能力有更清楚的认知，在此基础上去提升学生在素质方面的能力水平，通过思想政治教育，大学生可以自主地对个人的道德素养、心理素养、法律素养进行培养，也能够更好地开展人际交往，避免组织交往当中的不协调。在思想政治教育的指导下，大学生能够了解国家最新发布的相关政策，遵循政策的指导进行创新创业，规避可能遇到的市场风险，而且思想政治教育还能为大学生创设宽容创业失败的良好氛围。

在思想政治教育的引导下，学生可以更好地发挥自身在创业过程当中的主体性，借助于思想政治教育，学生不会在不清楚创业目的的前提下单

❶ 赵建国.新时代高校思想政治教育与创新创业教育融合的四重维度[J].湖北开放职业学院学报，2024，37（08）：21.

纯地受制于创业项目的限制或者环境的限制，思想教育可以培养学生在创新创业方面需要的创造能力、思维能力、辩证能力，借助于思想教育，学生可以从创业当中获得自我满足感，不会过于追求创业结果，也不会把利益获得当成是创业的唯一目标。

（二）促进大学生更好地实现创新创业教育的社会价值

大学生一般也是从社会中获取创新创业的资源，需要社会为其创业活动提供生产方面的支持。思想政治教育会引导大学生建立创新创业方面的理想与追求，与此同时，也会在思想上引导大学生通过创新创业为国家发展作贡献。可以说，通过思想政治教育的引导，大学生对国家发展、对社会发展都会形成正确认知，会从社会发展角度为人类的生存谋求福利。高校利用思想政治教育可以让大学生认真思考当前自身发展和社会发展之间的关系，可以引导大学生为社会发展创造价值，这样的引导也有助于创新创业项目的长久稳定发展。

（三）提升大学生创新创业教育的教育效果

高校的创新创业教育活动可以利用思想政治教育作为途径去提升自身的教育活动效果。

第一，思想政治教育可以帮助创新创业教育解决教育过程中指导理念模糊的问题。对于创新创业教育活动来讲，涉及的人员比较多，如政府人员、学生、学校、企业以及技术方面的专家，这些人员所受到的教育是不同的，他们所认可的教育理念或者价值观念也会存在差异，在合作过程中，他们会出现价值观方面的矛盾和冲突，在价值观念不同的情况下，他们对于创新创业教育的理解也会不同。

由于创新创业活动有多元主体参与，当中存在多元的价值观念，所以要想将各方资源汇聚起来，就需要构建出大家都认可的价值理念。思想政治教育遵循的是科学的教育理论，传递的是科学的价值观念，它是创新创业指导理念的首选，遵循思想政治教育理念的创新创业活动会更符合党和国家的创业需要，也更符合社会的发展需要。

第二，借助于思想政治教育，创新创业教育的内容质量将会有明显的提升。创新创业教育活动的开展并不是要培养出创业方面的精英人才，也不是培养出以利己主义为目标的人才；如果创新创业只强调技能方面的训练和培养，那么培养出的人才一定不是社会发展需要的高水平的素质人才。创新创业教育想要培养出德才兼备的人才，就需要引入思想教育的理念和内容，这样人才才能在市场发展需要和道德要求之间保持平衡。

第三，借助于思想政治教育，创新创业教育方式以及教育方法可以得到有效升华。思想政治教育在经历了较长的教学实践之后，已经形成了相对系统性的教学方法，如在理论灌输、团体辅导、个人学习、榜样示范、调查研究方面都形成了相对科学的方法，这些方法完全可以应用在创新创业教育中。

三、高校创新创业教育中的思想政治教育表现

（一）创新创业人生观教育

人生观指的是社会民众对人生理想、人生价值以及人生意义等方面所持有的态度，在高校开展人生观方面教育，可以让大学生在当下时代更好地思考自身发展和时代发展之间的关系，更好地引导大学生在时代背景下去设定自己的创新创业理想。

创新创业教育内涵式发展离不开创新创业人生观体系的建设。人生观教育可以让教师和学生有更高的创新创业理想信念意识，可以更好地让学生认识到自己个人理想和社会现实条件之间的关联，可以让创业创新更符合时代发展需要。在正确的人生观指导下，学生会通过自己的创新创业为社会主义发展作贡献。

（二）创新创业政治观教育

通常认为，政治观念是指个体或群体对于政治现象、政治制度、政治

权力及政治行为的基本看法和价值取向。政治观的培养可以让学生更好地理解国家的相关规定，更好地理解与创业有关的政策。政治观的培养可以让学生始终在创新创业当中持有正确的政治观点，可以让学生始终在正确的政治方向上开展创新创业活动。

创新创业教育内涵式发展离不开创新创业政治观体系的建设，高校应该在开展创新创业教育时进行国情教育、政策教育、爱国主义教育，这样学生才能在创新创业活动当中坚持正确的政治方向。

（三）创新创业道德观教育

道德观念指的是社会民众对是非善恶以及个人行为、个人和社会之间关系等方面所持有的观点。开展道德观教育可以让大学生自觉遵守社会公德，在正确道德观的指导下，学生的创新创业发展观念会向正确的、主流的价值理念方面转化。

创新创业教育内涵式发展离不开创新创业道德体系的建设，道德观的教育有助于教师和学生提升创新创业方面的道德素养，通过道德观教育，学生可以了解并且掌握职业发展要求他们遵守的道德规范，学生也会形成遵守职业操守的意识，自觉地在社会公德的要求下开展创新创业活动。也就是说，道德观教育可以让学生自觉约束自身所开展的创新创业行为。

（四）创新创业法治观教育

中国特色社会主义的建设强调法治建设，创新创业教育内涵式发展也必然离不开创新创业法律体系的建设，法律体系的建设可以让教师和学生形成更高水平的创新创业法律素养。

高校开展创新创业方面的法治教育一方面是让学生自觉遵守法律要求，按照法律规定开展合法的创新创业经营活动，另一方面也让学生掌握基本的法律法规，以此来捍卫自己在创新创业中的合法权益。

（五）创新创业世界观教育

世界观指的是社会民众对人和自然、人和社会以及人和人之间关系所持有的观点，世界观的构建可以让大学生对问题做出更好更有效的处理，可以为大学生未来的行为发展、道德发展指明方向。我国高校创新创业教育的推进依赖创新创业实践观体系的建设，世界观教育可以让教师和学生形成以创新创业为基础的大局观念意识，创新创业教育和思想政治教育的结合可以更好地指导学生去分析创新创业活动中不同事物之间的联系，让学生更好地看待创新创业活动当中的一系列变化，引导学生透过现象去分析创新创业的本质。

四、高校思想政治教育与创新创业教育的融合策略

在当今快速发展的社会背景下，高等教育面临着培养具有创新精神和实践能力的高素质人才的重要任务。高校思想政治教育与创新创业教育的融合，不仅是时代发展的需要，也是高等教育改革的重要方向。以下将详细论述高校思想政治教育与创新创业教育融合的策略。

（一）明确融合目标，强化价值引领

高校思想政治教育与创新创业教育的融合，首先要明确融合的目标。这一融合旨在通过思想政治教育引导学生树立正确的世界观、人生观和价值观，同时结合创新创业教育的实践性和创新性，培养学生的创新精神、创业意识和实践能力。在融合过程中，应强化价值引领，确保学生在创新创业活动中坚守道德底线，实现个人价值与社会价值的统一。

（二）构建融合课程体系，优化教育内容

为实现高校思想政治教育与创新创业教育的有效融合，需要构建融合课程体系，优化教育内容。一方面，可以在思想政治理论课程中增加与创新创业相关的内容，如创业精神、创业政策、创业风险等，使学生在学习

思想政治理论的同时，了解创新创业的基本知识。另一方面，可以开设创新创业实践课程，将思想政治教育与创新创业教育相结合，让学生在实践中深化对思想政治理论的理解和应用。此外，还可以通过校企合作、产学研结合等方式，引入社会资源，丰富课程内容，提高教育质量。

（三）搭建实践平台，深化融合效果

实践是检验真理的唯一标准，也是高校思想政治教育与创新创业教育融合的重要途径。因此，需要搭建实践平台，深化融合效果。一方面，可以建立创新创业实验室、创新创业基地等实践平台，为学生提供创新创业实践的机会和场所。另一方面，可以组织学生参加各类创新创业竞赛、创业营等活动，让学生在实践中锻炼创新创业能力。此外，还可以加强与企业的合作，开展产学研合作项目，为学生提供更加广阔的实践平台。

（四）完善评价机制，保障融合质量

为保障高校思想政治教育与创新创业教育的融合质量，需要完善评价机制。一方面，可以建立多元化的评价体系，包括学生评价、教师评价、社会评价等多个方面，全面客观地评价融合效果。另一方面，可以加强过程性评价和结果性评价的结合，关注学生的创新创业实践过程和成果，鼓励学生在创新创业中不断探索和进步。同时，还可以建立激励机制，对在创新创业中表现优秀的学生和教师给予表彰和奖励，激发他们的积极性和创造力。

（五）加强校园文化建设，营造创新创业氛围

校园文化是高校思想政治教育与创新创业教育融合的重要载体。因此，需要加强校园文化建设，营造创新创业氛围。一方面，可以通过举办创新创业讲座、论坛等活动，引导学生关注创新创业领域的前沿动态和热点问题。另一方面，可以加强校园创新创业文化建设，如设立创新创业奖

学金、举办创新创业文化节等，激发学生的创新创业热情。同时，还可以加强与企业、社会组织的合作，引入社会资源，共同营造创新创业的良好氛围。

（六）注重个性化培养，满足学生发展需求

每个学生都是独一无二的个体，他们的兴趣、特长和发展需求各不相同。因此，在高校思想政治教育与创新创业教育的融合过程中，应注重个性化培养，满足学生的发展需求。一方面，可以通过开展个性化辅导、职业规划等活动，帮助学生了解自己的兴趣、特长和职业规划方向，为他们提供个性化的指导和帮助。另一方面，可以建立多元化的课程体系和实践平台，满足不同学生的需求和发展方向。同时，还应关注学生的心理健康和全面发展，为他们提供全方位的支持和帮助。

（七）持续跟踪研究，推动融合创新

高校思想政治教育与创新创业教育的融合是一个不断探索和创新的过程。因此，需要持续跟踪研究，推动融合创新。一方面，可以加强对融合策略的研究和实践探索，不断完善融合机制和模式。另一方面，可以加强与其他高校、企业、社会组织的交流与合作，共同研究创新创业教育的最新趋势和发展方向。同时，还应关注学生的反馈和需求变化，及时调整和完善融合策略。

高校思想政治教育与创新创业教育的融合是一个系统工程，需要从多个方面入手，采取多种策略共同推进。通过明确融合目标、构建融合课程体系、加强师资队伍建设、搭建实践平台、完善评价机制、加强校园文化建设、注重个性化培养以及持续跟踪研究等策略的实施，可以有效促进高校思想政治教育与创新创业教育的深度融合和相互促进，为培养具有创新精神和实践能力的高素质人才作出积极贡献。

第四节　高校思想政治教育与心理健康教育的协同发展

一、大学生心理健康的解读

（一）影响大学生心理健康的因素

大学生心理健康问题是在各种内外因素的共同作用下长期累积的结果，因此，我们有必要全面探讨在大学生成长过程中，特别是成长早期，影响其心理健康的各种因素。

第一，家庭因素。家庭作为个体成长的首要场所，其环境对大学生心理健康的影响不容忽视。家庭的教养方式直接塑造了个体的性格和行为模式。在民主、和谐的家庭环境中成长的大学生，往往更加自信、开朗，具备更强的心理韧性。相反，在专制、冲突频发的家庭氛围中，个体可能面临更多的心理压力和挑战。家庭成员之间的关系，特别是亲子关系，对大学生的心理健康产生深远影响。家庭成员之间的支持与理解，能够有效缓解个体的心理压力，促进心理健康的发展。

第二，学校因素。学校是大学生接受教育、培养能力的重要场所，其环境对大学生的心理健康同样具有重要影响。学业压力是大学生面临的主要挑战之一。过高的学业要求、激烈的竞争环境，都可能对大学生的心理产生负面影响。学习环境的优劣直接关系到大学生的学习体验和心理状态。良好的学习环境能够激发大学生的学习兴趣和动力，而恶劣的学习环境则可能导致大学生的心理疲劳和厌学情绪。此外，师生关系也是影响大学生心理健康的重要因素。良好的师生关系能够促进师生之间的交流与理解，有助于大学生解决心理困惑和问题。

第三，社会因素。社会环境作为大学生心理健康发展的宏观背景，同样发挥着重要作用。社会文化因素，如价值观念、社会规范等，对大学生的心理产生影响。在多元化的社会环境中，大学生需要不断适应和调整自己的价值观和行为模式，以符合社会期望和要求。这种适应过程可能对大学生的心理产生挑战。社交网络也是影响大学生心理健康的重要因素。随着社交媒体的普及，大学生的社交方式和范围发生了巨大变化。虽然社交媒体为大学生提供了更广阔的社交空间，但同时也可能带来信息过载、隐私泄露等问题，对大学生的心理健康产生潜在影响。此外，社会压力，如就业压力、婚恋压力等，也是大学生面临的重要心理挑战。这些压力可能导致大学生产生焦虑、抑郁等心理问题。

（二）大学生心理健康课程教学

课程教学是对大学生进行心理素质教育的主渠道，是高校心理素质教育的重要组成部分。大学生心理健康教育课程不同于高校的其他学科课程，大学生心理健康教育课程的教学内容和教学方法要体现学生良好心理素质培养的总目标。因此，探索和创新大学生心理健康教育课程建设，是高校心理素质教育的重要任务。

1. 心理健康课程的教学理念

课程的教学理念是课程建设的核心，它决定了教学目标、教学内容的建构以及教学方法的选择。建设大学生心理健康教育课程应当遵循的理念主要包括以下方面。

（1）课程教育的重点是大学生。在大学生心理健康教育课程设计的过程中，人应当被视为起点，理论和知识应服务于这一核心。避免本末倒置的关键在于，课程内容设置应深入研究大学生的心理发展特征、心理成长的需求以及心理发展过程中可能遇到的困惑。此外，以学生为中心的课程内容选择和相应的心理学理论的采纳，同样是关注人的课程价值理念的体现。同样重要的是，研究学生喜爱且能够接受的教学方法，以激发学生的学习兴趣和参与度，确保他们所学内容能够应用于自身，从而促进人格的完善和心理的健康发展。

（2）课程关注学生生命的成长。关注学生生命成长的积极取向是整个课程内容的立足点。从人的心理健康的发展来看，心理健康有三种不同层次的标准：①底线标准，即心理健康就是心理的非病状态；②心理健康就是良好的适应状态；③较高要求的标准，即负责任、成熟、积极的状态。目前心理健康标准大多是第二种，即心理健康就是良好的适应状态，而第三种鲜有涉及，这会使学生误认为心理健康教育是针对有心理疾病的人或是容易产生心理疾病的人，所以一般学生不愿积极主动地参与，因此没能起到很好的教育效果。引导人们关注和挖掘个体和群体中积极的品质和潜能才是使人更幸福的关键，是心理教育关注的重点。

从人的心理发展来看，人的心理是不断变化发展的，处于成长阶段的大学生更是如此。他们在成长过程中会遇到各种心理困扰，但同时又具有巨大的心理潜能。

另外，促进学生心理发展还要积极引导学生。教师的教学设计和要求要稍高于大学生现有的心理发展水平，让学生通过努力可以达到目标，体验成长的快乐，激发学生的主观能动性，不断开发大学生的心理潜能。此外，促进大学生心理发展需要大学生心理健康教育课程的内容、教学方法、课程风格及展现形式根据时代的发展、大学生的接受水平不断进行调整，将心理健康领域最新的研究进展、最适合学生成长的健康理念传递给学生，从而引导学生走向自我实现之路。

（3）课程激发大学生主动学习。大学心理健康教育的核心宗旨在于促进学生自我认知，激励学生在现有基础上展现出更加积极和主动的态度，全身心投入生活，并学会为自己承担责任，做出选择和决策。学生要实现这种转变，不能仅依赖于教师的讲授或外部信息的简单灌输，而是要经历一个由内而外的心理转化过程。因此，重视并尊重学生的内心世界是至关重要的，这能促使他们发现并接纳真实的自我，学会自我负责，并做出符合个性的选择。这一过程需要通过激发学生的内在主动性来实现，从"被动学习"转变为"主动学习"，使他们从被动的信息接受者转变为学习过程的主体，从接受式学习转变为探索式和发现式学习。通过激发学生的学习欲望，提高他们的学习兴趣，培养他们的创新思维和能力，使学生能够积极主动地参与教学活动。

心理健康教育课程重在关注生命成长，即让心理健康教育课程的学习成为大学生生命中有意义的构成部分。一方面，关注生命不仅要尊重每一位学生，注重让学生在课堂上积极参与，使他们在体验中感悟，在感悟中成长，还要在传授心理调节知识和技能的同时，培养学生健全的心智与健康的人格，充分领悟和体验生命的意义和生活的价值；另一方面，课堂教学是教师职业生涯中的重要组成部分，课堂上学生与学生之间的分享、教师与学生之间的互动、学生的疑问和反思都可能成为教师专业成长、情感升华、体验生命价值的重要契机。心理健康教育课程让课堂焕发生命的活力，成为学生和教师体验生命价值、感受自我成长、进行生命实践的重要舞台，对教师和学生的生命成长都具有重要的意义。

（4）课程提倡回归现实的生活。为了在心理发展和生命成长方面取得成效，心理健康教育课程需重视将理论学习与实际生活相结合。学生应当能够将在课堂上学到的理论知识应用于现实生活，以提高生活和学习中的适应能力，并增强幸福感。为了实现心理健康教育课程的生活化，教学内容和活动的设计应以真实生活场景为核心。教师通过指导大学生解决生活中的适应问题、人际关系困扰、情绪管理、生命困惑和危机事件等，帮助他们将在课堂上学到的心理调适技巧应用于实际生活中，从而关注生活、体验生活、提升生活品质，并在此过程中逐渐形成积极健康的生活态度和价值观。此外，心理健康教育课程在回归生活的过程中，应勇于面对学生心理发展中的热点问题。对于学生提出的热点和敏感话题，教师应避免回避或简单说教，而应从关怀的角度出发，引导学生进行深入讨论，使他们学会对自己和他人负责，并能够做出明智的选择。

2.心理健康课程的教学内容

（1）整合相关理论构建课堂内容。大学生心理素质教育课程中所选用的心理学理论不是一种单一的心理学理论流派，而是根据学生的需要整合心理学的相关理论。如基础心理学、心理卫生学、发展心理学、社会心理学、心理咨询与心理治疗等理论的相关内容和观点。在这些理论的选取中，既要重视经典理论的使用，又要不断吸取国内外心理学的最新理论研究成果，从而让学生不断接收到新的信息。同时，要帮助学生认识理解自己心理特点的形成与发展，学会在社会生活中运用它；在课程内容上，除了整合心理学的相关理论知识外，还要选用相关的其他学科，如哲学、社会学、教育学、人类学等学科的相关知识，以开阔学生的视野，丰富学生的认知。

（2）以需求和应用为导引构建课堂内容。传统的专业课程是以传授知识为目的，按照理论知识的内在逻辑构建课程内容，而大学生心理健康教育课程内容的构建是以学生心理发展的需求、以学生的实践应用为逻辑。课程内容的构架是以大学生成长最需要的心理品质和心理发展能力为其内在逻辑的。课堂内容包括：对大学生心理健康理论的概述，大学生自我意识的培养，大学生学习心理的调整，大学生人际关系的和谐，大学生情绪的管理，大学生抗挫折能力的培养，大学生性心理和恋爱心理的调节，大学生的生命教育以及大学生的职业生涯发展，等等。以需求和应用为导引构建课堂内容，不仅体现在课程整体内容的构建上，也体现在具体内容的构建上。这就要打破知识体系本身的完整性，选取以促进学生生命发展为目标且最适合学生应用的心理学理论和方法，让知识服从于学生的生命发展。

（3）拓展实践资源构建课堂内容。大学生心理素质教育课程强调理论知识与实际应用相结合，因此，课程着重于知识、情感、意志和行为的统一性，并重视认知与行为的改变。通过课堂内外的互动，将心理健康教育的内容和目标具体化为可培养的行为特征，转化为内在的心智操作活动，以提升心理素质，完善人格结构，并让学生在实践中亲身体验，实现成长和发展。因此，在课程内容设计上，应紧密联系大学生的实际情况，设计相关的实践活动，如案例分析、心理训练等。课程内容不仅应与课堂教学相配合，还应安排学生参与实践活动。例如，可以设计学生自信心训练、人际沟通、情绪自我调节等训练作业，组织学生参与学校、班级的心理健康教育活动，以及为社会提供心理服务等活动。

（三）大学生心理健康教育活动

1. 心理健康教育活动的类型

（1）根据活动人群范围划分。

第一，个人层面开展活动。在个人层面开展的心理健康教育活动主要是面向个体开展的，注重个体在活动中的体验及参与，旨在提高个体的心理健康意识，增强个体对自我的认识、理解和接纳，提升心理适应能力。如心理专题讲座、现场心理咨询、心理测试、心理电影赏析、心理读书会、心理对对碰、微博短故事征集大赛等活动。

第二，宿舍层面开展活动。宿舍不仅是大学生学习、生活、休息和社交的关键场所，而且在心理健康教育方面扮演着重要角色。以宿舍为单元进行心理健康教育活动对大学生的个性发展和心理健康具有重大影响。这种活动不仅能减少宿舍内的矛盾和冲突，还能增进宿舍成员之间的相互理解和接纳，进而营造一个温馨和谐的宿舍环境，增强归属感。这将有助于提升个体的情绪管理能力和人际交往能力等心理素质。在宿舍层面开展的心理健康教育活动包括幸福宿舍评选、宿舍团体活动、宿舍心理微电影等。

第三，班级层面开展活动。大学中的班级是大学生活的基本单位，是学校、学院开展工作的终端，是大学生共同学习、共同生活的基础，因此，在班级中开展心理健康教育活动可以促进班级凝聚力的提升，增强同学的归属感，促进个体情绪管理能力、人际交往能力等心理素质的提升。在班级层面开展的心理健康教育活动主要有：心理班会、班级心理健康知识竞赛、优秀班级活动评选等。

第四，校园层面开展活动。校园文化，作为一种社会亚文化，是社会文化结构中的有机组成部分，它承担着育人、导向、娱乐和辐射等多重功能。心理素质教育活动在高校校园文化中占据着核心地位。在全校范围内开展心理健康教育宣传及实践活动，对于构建一个健康的心理生态环境至关重要。一方面，通过报纸、网络、电台、电视等多种宣传渠道，在全校范围内普及心理健康知识，营造积极、健康的文化氛围。另一方面，通过全校性的心理素质拓展、心理情景剧表演、心理团体辅导等活动，创造一个特定的校园心理环境，由于其广泛的渗透性，这些活动能使更多学生了解和接受心理健康理念，使学生在有意或无意中接受教育。这对学生积极心态的塑造、乐观生活态度的培养以及和谐人际关系的建立，都产生了深远的影响。高校日常的心理健康知识普及和宣传教育活动，都致力于营造一个良好的校园心理文化氛围，助力学生健康成长。

（2）根据活动组织时间划分。

第一，日常性心理健康教育活动。日常性的心理健康教育活动指高校不受时间限制开展的心理健康教育宣传活动，主要有心理报刊、心理橱窗、心理网页的宣传，心理讲座、团体辅导活动、各种志愿者活动的开展等。这些活动没有时间限制，根据同学需要随时开展。日常性的心理健康教育活动可以随时让学生学习到心理健康知识，起到对学生的心理教育不断重复、不断强化的作用，日积月累，润物无声，学生们逐渐增长心理健康意识，学会关心自我和他人的心理健康，学会自助与助人。

第二，集中性心理健康教育活动。集中性的心理健康教育活动指高校在限定的时间内，集中组织的系列心理素质教育活动。集中性健康教育活动的好处是能够形成一种宣传教育的强大影响力，如果在同一时间段内进行丰富多彩的心理教育活动，能够引起学生更大的关注，引发学生积极参与的兴趣。

（3）根据教育途径划分。根据教育途径的不同，心理健康教育的宣传活动可以分为实体宣传教育活动和网络宣传教育活动两大类。实体宣传教育途径包括创办心理健康教育宣传报刊、心理宣传橱窗、电视、广播等。许多高校都拥有自己的心理健康教育宣传刊物或报纸，这些刊物通常由学生自行编写，内容主要涉及心理健康知识的宣传、大学生心理调节方法的介绍、大学生常见心理问题的探讨以及心理危机识别知识的普及等。由于这些刊物内容紧贴大学生的心理需求，且编写形式多样、图文并茂，因此深受大学生的喜爱。此外，宣传橱窗、学校电视和广播也是传播心理健康知识的重要渠道。

网络宣传包括学校或大学生心理社团建立的心理健康网站或网页，心理沟通的微博、手机微信平台，学校可以通过这些网络媒体宣传心理健康知识，搭建同学心理沟通平台，疏导大学生的情绪，发展健康心理。随着现代网络技术的发展，网络由于具有快捷性和方便性的特点，被大学生喜爱和广泛使用，运用网络进行心理宣传教育也越来越成为高校广泛采用的教育形式。

2. 心理健康教育活动的实施

实施心理健康教育活动，是提高活动质量、保证教育效果的重要环节。为了提高高校心理健康教育活动的实施效果，结合实践经验，应该注意以下方面的问题。

（1）把握活动实施的时机。在规划心理健康教育活动时，挑选合适的时机至关重要。应考虑学生的学业和生活压力，避免在考试期间或其他紧张时段安排活动。相反，应优先考虑在学生精神状态较为轻松的时期进行活动，如假期或寒暑假。同时，还需关注学生的心理状态，确保他们对参与活动持有积极的态度。

（2）精心准备相关活动。在活动开展前，需制定详尽的活动计划，明确活动的目标和内容。不同的目标群体，可能需要采用不同的教育方法和形式，如讲座、小组讨论、角色扮演等。因此，在准备阶段，应确保相关教材和资料的充足，同时，保证教育资源的全面性和多样性。

（3）认真实施具体互动。活动进行中，认真实施具体的互动环节对于提高学生的参与度和理解度非常关键。在活动中，要营造积极、开放的氛围，鼓励学生积极参与讨论和分享经验。通过与参与者的互动，促进学生对心理健康知识的理解和实践应用。同时，还需提供个人咨询和心理支持的机会，给予学生必要的关怀和帮助。通过这样的互动环节，可以帮助学生建立积极健康的心理态度和行为习惯。

（4）进行活动的总结工作。活动结束后，进行活动的总结工作是不可或缺的环节。通过收集学生的反馈意见和观察活动效果，对活动的实施效果进行评估。这有助于了解学生对有关主题的实际掌握情况，以及活动是否达到了预期目标。基于这些评估结果，及时调整教育方法和内容，改进活动的质量和效果。此外，还可以汇总活动的经验教训，为后续活动提供参考和借鉴。

二、高校思想政治教育与心理健康教育协同发展的价值

（一）创新高校学科结合的教学模式

在对高校思想政治教育和心理健康教育两个学科进行协同创新时，先要明确两个学科在不同维度下的差异，在此基础上，再进行科学、系统的合作交流，共同探索出更高效、更有新意的教学模式。一方面，科学的合作模式体现为知识的科学性，思想政治教育和心理健康教育这两个学科要及时对已有的知识体系进行推陈出新，保证知识的先进性、合理性和完整性。另一方面，学科的合作模式体现为真正具备实践的价值和意义，即要充分考虑到学生的学习需求，有针对性地提供科学的教学计划。

（二）推动创新型人才的培养

我国各行各业已经步入了高速发展的阶段，对于技术性人才、创新性人才的需求不断攀升，然而这类人才的培养过程是十分复杂的，需要多个学科间进行有效的协同创新，综合提升学生的多种能力。思想政治教育与心理健康教育协同创新，既可以从意识形态上帮助学生建立起推动社会发展、为社会创造价值的社会责任感，又可以从心理学、教育心理学的角度，让思想政治教育真正落在实处，引导学生进行实践。

此外，创新型人才要具备不畏挑战、坚持不懈以及无惧艰险等精神素质，这些素质的形成亟需科学的思想政治教育和心理健康教育进行合理的引导，提供成长的沃土。

（三）有助于大学生自由全面的发展

推动学生全面发展是当前教育各阶段的核心目标。因此，高校思想政治教育和心理健康教育的教师及专家学者，均以此为核心目标，对教材、参考书目和教学内容进行了系统性的改革。他们围绕学生的多项能力，提出了多样化的教学方法，并引入了多种教学活动，以激发学生自主学习的兴趣。思想政治教育与心理健康教育，随着素质教育的不断发展，逐渐发生了一定的变化。不仅二者的教育方式趋于多元化，而且二者的育人价值和育人理念也得到进一步升级。在思想政治教育视角下，开展心理健康教育，不仅能帮助学生培养健康心理，也能使学生的思政素养和思政意识逐渐提升，从而使学生具有高尚的品德和正确的价值观念。[1]

而且，当前的素质教育开始注重学生心理对于教学效果的影响，将心理健康与身体健康摆在了同一重要位置，这对于帮助学生建立起积极的心态，形成较强的抗压能力有着重要的作用。

三、高校思想政治教育与心理健康教育协同发展的原则

思想政治教育与心理健康教育理念契合、教育目标同向、教学方式融通、作用机制互补[2]，协同创新不是一蹴而就的，应遵循相关原则，在相关理论标准的指导下，促使两者的协同创新更有目的性和实效性，逐步实现理论和实践的统一。

---

[1] 赖文庆.思想政治教育视角下的大学生心理健康教育研究[J].黑龙江教师发展学院学报，2021，40（11）：110.

[2] 杨兆宝.心理健康教育融入思想政治教育之可为、难为与作为[J].中学政治教学参考，2024（11）：86.

（一）主体原则

坚持主体原则是现代教育改革的一大特点，它在一定程度上颠覆了传统课堂的教育理念和教学模式，更多将注意力转移到在各项教学活动中建立起学生的主体地位，具体表现在以下方面。

第一，教育目标不再只关注于提升学生阶段性的学习成绩，僵化地采取"填鸭式"的教学方法，而是将教育目标立足于学生的全面发展，引导学生主动学习、主动实践、主动创新。

第二，课堂教学内容变得更加丰富多彩。传统的课堂往往局限于"教师讲，学生听"的模式，对学生的课堂反馈关注不足，导致学生的课堂参与度和互动性较低，从而在教学过程中处于被动地位。然而，在主体原则的指导下，学生转变为课堂的主体。教师通过创新多样化的教学活动，激发每位学生的学习兴趣和动力，发掘学生的学习潜力和优势，促使学生自发地深入学习和思考。这种教学模式不仅拓宽了学生的知识视野，完善了他们的思维模式，还在学生的意识形态中培养了更加积极和自律的思维模式，有助于学生健全人格的形成。

第三，主体原则的贯彻实施让教育更加公平。原因在于一旦建立起学生的主体地位，那么所有的教育理念、教师实际的教学计划和教学活动的设置都是以每位学生个体的学习情况和性格特征为前提条件的，使其实现长足发展。

（二）弹性原则

坚持弹性原则是目前教育改革过程中重点提出且在各个学科教学过程中积极推进的原则之一。弹性原则在高校的思想政治教育课程和心理健康教育课程中实现协同创新主要表现在以下方面。

第一，教育理念和观点坚持弹性原则，避免教条主义和传统僵化的教学理念的出现，更加具有时代特点和社会发展特征。

第二，教学模式坚持弹性原则，即教学内容、教学资料、教学活动、课程设置的出发点皆是以学生具体的学习特征和个性特征为出发点，并且在具体的教学环节中，根据学生的学习状态及时对教学计划进行调整，呈现出灵活性、精准性的特点。

第三，加入教学评价和反馈这一环节，该环节的有效实施能够让弹性原则在短时间内就能有针对性地发挥出作用。

第四，坚持弹性原则，让教师在达成教学目标的过程中，预留一定的可调节空间，不仅可以在一定程度上为教师"减负"，更重要的是，能够让教师的教学工作针对所教授学生的学习特点进行有创新价值的教育探索，从而获取更加具有新意的教学实践。

（三）开放原则

坚持开放原则是任何学科走上现代化教育发展之路都不可或缺的前提条件。从宏观知识体系的角度来看，任何种类知识间，在某些方面都是互通的，因此，在高校思想政治教育课程和心理健康教育课程的设置中，要让学科知识在开放的教育环境下互通有无，消除知识壁垒。

此外，实践开放性原则在当前百年未有之大变局的时代背景下有着十分深远的实践意义。从宏观角度看，"开放"是自中华人民共和国成立以来实施各项措施谋取社会发展、经济腾飞的基础性原则之一。从微观角度看，新课程改革下的教育理念的宗旨是为了推动学生的全面发展，只有开放才能让优质的教育资源流通起来，惠及更广泛的学生群体。另外，开放就意味着打破封闭，面临竞争，而良性的竞争带来的是深刻全面的自省以及自发的创新发展。例如，当前众多高校纷纷建立起了数字化平台，教师和学生均能通过互联网在线学习广泛的教学资源和参考资料，不仅让教育更加高效，还让教育资源实现了实践价值的最大化。

（四）共享原则

秉持共享原则是高校在有效推进思想政治教育和心理健康教育形成

协同实践教育模式的重要前提。这一语境下的"共享"主要是指在教育课程、教育经验、教学方法、教学设备等方面的资源共享，在协同实践创新的组织机制内部：以物理属性为标准，可以划分为软件资源和硬件资源，软件资源主要是指在各自教学过程中所应用到的专业知识、文化和艺术信息，硬件资源主要是指在教学过程中涉及的相关工作人员、教学设备和场所、资金等；以资源的使用途径为标准，可以划分为线上资源、教学资源、人力资源、环境资源、辅助资源等；以资源的存在形态为标准，可以划分为有形资源和无形资源，其中有形资源是指具体专业知识书籍、课堂场所、教学工具等，无形资源主要是指与学科相关的知识、理念、观点等。

践行共享原则的目的是让资源在固定的时间内实现最大限度的有效利用，避免资源的浪费，让信息交流互通，提高学生的学习效率，然而"共享"不等于"平均"，而是根据具体的实际教学需求，具体问题具体分析，合理、科学分配和获取满足该需求的教育资源。此外，这一共享原则的另一职能在于更好地服务于高校思想政治教育和心理健康教育的协同发展，形成一个囊括资源协同、经验协同、方法协同以及核心观念协同的合作闭环，真正增强教育资源的利用价值和实践意义。

（五）可持续原则

可持续原则的提出最开始是为了解决地球的生态问题，强调任何行为的产生、任何政策制度的制定和实施都要产生可以持续循环利用的效果，避免出现资源和资金投入浪费的问题。当前，将可持续原则引入高校思想政治教育和心理健康教育实现协同创新发展的过程中，是为了防止在协同创新的过程中追求目标的实现而过分滥用资源。此外，协同创新是一个持续发展的过程，需要长期进行探索实践；只有坚持可持续发展原则，才能让整个教育链条的各个环节不断改进和完善。

四、高校思想政治教育与心理健康教育协同发展的策略

（一）构建协同发展的教育环境

环境和主体间的关系是密切的，而教育环境主要是指教育周围的环境。每个事物的发展与变化均离不开周围环境的影响。教育的主体受教育环境对其思想品德的影响，所以高校的思想政治教育、心理健康教育在协同创新时，应重视环境因素的作用。

第一，在高校思想政治教育与心理健康教育的协同创新过程中，教育环境扮演着空间和外部条件保障的角色。从横向教育视角来看，教育环境与其他环境一样，具有普遍性、渗透性和变化性。教育系统中的每一个环节都受到环境的影响，两者在融合中相互匹配，最终达到和谐稳定的状态。从纵向教育视角来看，环境在活动之前形成，并贯穿于整个活动过程中。高校中的思想政治教育与心理教育的协同创新工作，是一种全面的、理论性的学习活动，教育环境对其产生重要影响。此外，在教育过程中，环境因素包括相关活动的硬件设施（如教学设备、工具等）和软件设施（如教师、校风、教学技能等），它们为教育实践提供了坚实的基础。

第二，大学生的学习状态与教育环境有一定的关联。大学生在学习过程中，存在一定的渐进性与持续性，对知识掌握的过程可分为激发求知欲、理清教材、掌握教材、获得知识、利用知识这五个阶段。尽管在教育的过程中，环境是外在的因素，但由它构成的情境却在潜移默化着主体的三观。教育环境约束着相关的活动目标、方式方法、效果。如果教育环境有了重大的变化，将直接关系到教育活动是否可以继续开展。优越的教育环境，能唤起学生对学习的兴趣，同时提升其学习效率；对于教师来说，也有助于更好地把握课程目标，充分体现教育的主导位置，进而与大学生进行有效的沟通。

第三，教育环境具有积极的导向作用。环境对高校中的教学活动具有正面影响，恰当的内外氛围能够培养大学生形成主流价值观，从而提升他们的思想素质。相反，充满负能量的环境可能会影响学生树立正确的思

想政治观念。随着社会文化的不断进步和网络技术的飞速发展，在多元文化和不同价值观的冲击下，一些大学生的理想信念可能会受到影响，这需要引起教育工作者的关注。如何最大限度地发挥教育环境的引导作用，对大学生的教育活动产生积极影响，是教育工作者在实践中应重点关注的问题。

（二）构建协同发展的教育体系

在高校中，思想政治教育、心理教育的协同创新，应充分结合学生的现实情况，紧扣大学生思想、心理层面的问题，分阶段地设立相应的目标，从而提高思想政治教育、心理教育协同创新的有效性与针对性。完善教育系统的内部层次，关键在于不同要素间的相互作用。我们应该从古代的教育体系中汲取智慧、从世界各国的文化中汲取经验。如此，才可以确定大学生思想政治教育、心理教育协同创新的目标，准确掌握相应的理念、内容、模式，科学地安排各级的对接工作，从而形成多个互通的网络结构。

1. 确立协同创新的教育理念

教育理念是公众对教育的一种理性理解，它指导各种教育实践，并体现了教育的理想和目标。教育理念的形成是一个复杂的过程，受到政治、经济、文化等多方面的影响，同时与教师的技能和知识水平、师生间的互动密切相关。理念的诞生先于行动，现代教育尤其需要优越的理念作为全面的指导。因此，我们应在外界社会中寻找体现教育理念作用的环境，以精确地认识教育的发展方向。高校教育管理者需要把握时代的脉搏，提出具有前瞻性的发展理念，以推动学校的持续进步。

在中国古代，教育受到高度重视。早在西周时期，社会就形成了以"六艺"——礼、乐、射、御、书、数为框架的教育体系，在思想政治教育过程中，注重个体的全面发展。到了春秋战国时期，私学的兴起进一步丰富了教育观念，启发式教学、知识与实践的结合、因材施教等教育内容开始被提及。孔子提出了学习始于决心的观点，强调首先要明确学习的目的。

教育理念的形成历经了起始、宣传和应用三个阶段。要将协同创新作为教育理念，就必须抓住重点，全面体现协同创新的目标。①起始环节。应实现对教育者的培训。不但要重视优秀的传统文化，同时也要学习国外的一些经验，促进相关的管理人员与一线教师进行交流。不仅要关注教师的专业能力，还应进一步提升其协同创新的能力；不仅要为学生的思想政治教育、心理健康教育进行相关的指导，还要构建良好的协同创新气氛。②宣传时期。应强化与政府部门、企业组织间的联系，拓展协同创新的影响力，让学生感受到校内外学习的氛围。③应用阶段，思想政治教育、心理教育的协同创新和科学的探索不同，不能采用严谨的实验来得到相关数据，其更关注的是大学生的个人获得感，可以运用多元的方式进行数据分析，以完善之后的工作。

2. 形成协同创新的教育内容

教育内容不能离开教育目标而独立存在，应按照培养全面发展的社会主义接班人和建设者的原则来实施教育，这是高校思想政治教育与心理健康教育协调创新的体现。面对高校的思想政治教育与心理健康教育时，应注重教育内容的协同创新，找到教育内容"变"与"不变"的契合点，秉承政治化的主导属性，进而达到优化教学内容、提高学习效果的目的。

在协同创新的过程中，教育内容的形成应注意三个方面：①秉承教育体系的逻辑性，因为协同创新的相关内容，不是对相关内容进行根本性修改，而是不断充实与丰富教育方法，优化与完善教育形式；②协同创新的内容应该是开放的，在拓展教育内容的过程中，应具有社会广泛性，全面总结教育实践，学习跨学科领域的知识；③相关的教育内容应具有一定的针对性。高校的思想政治教育、心理教育的协同创新均以大学生为主要对象，教育效果差、学生兴趣低是急需解决的问题。所以，相关的教育内容应把相关的问题作为导向，以大学生的兴趣作为切入点，深入地探讨社会主义核心价值观。

协同创新教育的内容基础是"以人为本"。不管是高校的思想政治教育，还是心理健康教育，归根结底都离不开"人"，教育的重点是要让大学生感到尊重和满足，同时也要让他们习得相关的道德准则。教师在传授知识时，应重视大学生的实际需要，在备课时，要熟悉学生关于这一知识的掌握情况，注重备课的重点。在课堂上，积极调动学生的自觉性，利用一些专题讨论、辩论大赛、情景模拟等机会，让学生积极参与。通过设置课后作业，可以让学生在课堂上巩固所学的知识，取得有效的学习效果。

3. 构建协同创新的教育模式

就教育的模式来看，协同创新是将高校的思想政治教育模式作为新的框架和可行的实践行动，这不仅可以更好地掌握高校思想政治教育、心理教育的特点，也有助于充实整个教育体系。就其广义的角度来看，教育模式涵盖了宏观的发展战略、中观的管理情况、微观的教学方式三个层次。狭义的教育模式则是指微观的教学方式，是指以教育理论为指导，简单概述教育组织的过程。因此，对协同创新的研究，将有助于更清晰地认识高校思想政治教育和心理健康教育协同创新的全过程，有助于更好地把握教育的动态和规律。

建立协同创新教育模式，其中的重点是加强思想政治教育和心理健康教育协同创新方面的组织管理。高校应当建立相关的教学机构，制定思想政治教育、心理健康教育协同创新方面教学的总体规划；安排专门的管理人员，整理与分析协同创新的成果；对于在学术领域有一定造诣的教师，应在时间与空间上创造良好的条件，如此才可以促进对社科类相关问题的探索；在对外交流时，定期培训相关人员，积极与相关部门进行沟通，紧密结合社会需求与学校教育，促进优秀人才的培养。进行教学时，除了要构建组织结构，还应重视成员之间的交流与互动，进一步体现其主体性。在鼓励与引导主流的价值观念时，要注重培养大学生的思维，把握其认知、行为、意志以及情感特征，关注其学习的规律，充分实施高校思想政治教育和心理健康教育的相关细则。

第六章　技术创新提升新时代高校思想政治教育工作的质量

第一节　高校思想政治教育工作的创新平台建设

一、微信平台

高校在思想政治教育工作过程中，通过利用微信平台中的朋友圈、公众号等渠道，能够更广泛、更深入地开展思想政治教育工作，从而拓宽教育的途径和方式，增强教育的针对性和实效性。借助微信平台的即时性、互动性和普及性，高校能够更好地传递正能量，引导学生树立正确的世界观、人生观和价值观，为培养德智体美劳全面发展的社会主义建设者和接班人贡献力量。

（一）微信的使用原则

1. 方向性原则

对于思想政治教育工作，方向原则是一项重要的基本原则。思想政治教育要符合中国共产党的纲领和宗旨，与中国特色社会主义道路相一致。基于微信的思想政治教育应当实现社会主义现代化，达成全心全意为人民服务等目标。除了进行党的路线、原则和政策的教育，还应该引导大学生认真面对自己的生活，找到自己的人生方向，树立自身理想并坚定不移地去实现。长此以往，大学生还要有能力学习专业知识并为社会主义建设作出贡献，思想政治教育还要能让大学生增强其政治信念和追求，将自己的目标与社会目标相结合。只有方向正确才能行动正确，人的精神支柱和精神力量的源泉需要坚定而正确的政治方向做支撑，这能增强学生们的信心，激发他们建设中国特色社会主义道路的斗志。

作为公共媒体平台，微信上发布的信息应符合社会主义核心价值观，主要的思想内容包括：以爱国主义为核心的民族精神，马克思主义指导思想，以改革创新为核心的时代精神，中国特色社会主义的共同理想等。在进行思想政治教育内容传播时，应该引导学生们树立和完善自身的三观。微信上的内容应贴合社会主义核心价值体系的特征，反映社会主义核心价值体系的具体内涵。面对多样化、随时变化的意识形态特征以及世界范围内各种思想文化交融，微信作为新型媒体，其覆盖面极广，应利用微信这一特点，在进行思想政治教育时，让主流价值观的影响力进一步扩大，让马克思主义在意识形态领域的地位更加牢固，提升中国的国际地位，提高我国的软文化实力。

2. 个性化服务原则

高校在利用微信平台进行思想政治教育时，应深入贯彻个性化服务的理念，充分考虑大学生的兴趣爱好、学习需求及心理特征，精心设计并定制个性化的教育内容。通过微信这一便捷渠道，将定制化的学习资源、案例分享、心理辅导等内容精准推送给学生，使思想政治教育更加贴近学生的生活实际，满足他们的个性化需求。量身定制的教育方式不仅能够激发学生的学习兴趣，增强他们的参与感和归属感，还能有效提升思想政治教育的吸引力和感染力，帮助学生在轻松愉快的氛围中接受并内化正面的价值观念，促进学生的全面发展。

（二）基于微信平台的高校思想政治教育策略

在信息化高速发展的今天，微信平台凭借其强大的社交功能和广泛的用户基础，已成为高校开展思想政治教育的重要渠道。为了更有效地利用这一平台，需要制定一系列策略，以确保教育内容的精准推送、深度互动、实践引导以及持续优化。

1. 内容策划及精准推送

高校应紧密围绕社会主义核心价值观这一主线，结合时事热点、历史文化、心理健康教育等核心主题，精心策划和设计一系列既有深度又具吸引力的教育内容。在内容选择上既要注重理论知识的系统性和科学性，又要兼顾学生的兴趣和需求，确保教育内容既符合教育目标，又能激发学生的学习兴趣。同时，高校可以充分利用微信平台的分组和标签功能，对不同学生群体进行细致划分，实施个性化内容推送策略。通过精准推送，每名学生都能接收到符合其兴趣特点、需求层次的教育信息，这不仅提高了教育的针对性和实效性，也显著增强了学生对教育内容的接受度和满意度，为思想政治教育的深入开展奠定了坚实基础。

2. 互动参与及社群建设

在微信平台上，互动与参与是提升教育效果的关键。高校应鼓励学生通过微信平台积极提出疑问，教师或专家则应及时、准确地予以解答，形成良好的互动氛围。这种即时反馈机制有助于激发学生的思考热情，培养他们的批判性思维和解决问题的能力。此外，还可以利用微信群、小程序社群等形式，建立学习小组、兴趣社团等，为学生提供一个交流思想、分享经验、共同成长的平台。通过社群建设，学生之间的交流与合作得以加强，集体荣誉感和团队精神得以培养，正能量在无形中传递，进而引导学生树立正确的价值观和行为准则，为他们的全面发展提供有力支撑。

3. 案例分析及实践引导

高校应充分利用自身丰富的教育资源，定期发布正面典型和反面案例，案例紧密围绕社会主义核心价值观、时事热点、学生生活等主题。通过引导学生对案例进行深入分析讨论，促使学生从中汲取经验教训，形成正确的价值判断和行为选择，还能激发他们的思考能力和批判性思维。

同时，结合微信平台的便捷性和互动性，高校可以发起一系列线上实践活动，如主题征文、微视频创作、在线辩论等，鼓励学生将所学的理论知识转化为实际行动。这些实践活动应注重培养学生的创新精神和实践能力，让他们在参与中感受到教育的魅力和价值，从而更加积极地投入到学习中去。通过案例分析与实践引导相结合的方式，高校可以构建一个理论与实践相结合、知识与能力并重的教育体系，为学生的全面发展提供有力支持。

4. 反馈评估及持续优化

为了确保基于微信平台的高校思想政治教育能够持续发挥实效，高校必须建立完善的反馈评估与持续优化机制。通过问卷调查、数据分析等方式，高校可以定期评估微信平台教育内容的接受度、满意度和影响力，这些评估结果可以直观地反映出教育内容的优劣以及学生的需求和期望。

在获取评估结果后，高校应及时对教育内容、形式和推送策略进行调整和优化。一方面，根据学生的反馈和需求，不断更新教育内容，使其更加贴近学生的生活实际和成长需求；另一方面，创新教育形式，采用更加生动、形象、直观的方式呈现教育内容，以吸引学生的注意力和兴趣。同时，还要优化推送策略，确保教育内容能够精准地传达给目标学生群体，提高教育的针对性和实效性。

通过反馈评估与持续优化相结合的方式，高校可以不断提升基于微信平台的思想政治教育的质量和效果，为培养德智体美劳全面发展的社会主义建设者和接班人贡献力量。同时，这种持续优化的方式也为高校未来的教育工作提供了宝贵的经验和启示，有助于推动高校思想政治教育的不断创新和发展。

二、微博平台

微博和思想政治教育发展之间存在密切的关联。思想政治教育活动的开展可以以微博为载体，微博未来的发展也必然要依托思想政治教育的引领。所以，微博和思想政治教育之间有极高的吻合度，微博应该发挥思想政治教育功能。

（一）微博与思想政治教育的关系

1.思想政治教育丰富微博的内容

将微博融入思想政治教育工作中，有两方面的现实意义：其一，于思想政治教育而言，实现了网络空间的拓展；其二，于微博而言，进一步丰富其内容。微博以立体化和多样性的内容吸引众多粉丝的关注，发布微博内容的流程非常简单，而微博内容的类型也相对自由。

就现阶段而言，人们发布微博内容的类型主要包括以下几类：对自己每天日常生活的记录、对自己每天心情和情绪变化的记录、对个人想法的充分表达、对身边趣事和新鲜事的描述及热门话题的讨论等。相对来讲，微博记录更偏向于生活化和日常化，思想政治教育实践活动（以微博为纽带和平台发布世界观教育、政治观教育、人生观教育、法制观教育、道德观教育等内容）可为微博注入思想、政治和道德的精神内涵，从而丰富了微博内容的思想性。在微博平台积极引入思想政治教育可以为主流价值观的传播搭建开放、自由和平等的平台，并有效保障微博内容的质量。

总而言之，无论是从微博内容的丰富角度来看，还是从微博精神元素增添的角度来讲，都应积极推进微博思想政治教育。

2.微博拓展思想政治教育的网络空间

在网络日益普及和飞速发展的时代背景下，世界人民的生活和工作也受到了很大影响，网络为人们获取各种信息和知识提供了丰富的信息资源、多样化的传播渠道，以及即时性的参与和互动方式。除此之外，全球的政治、经济、科技、文化等各个方面也都在网络技术的影响下发生了翻天覆地的变化。

随着网民数量的不断增加，网络空间也日益拓展，网络虚拟世界带给人们的是与现实世界不同的活动空间，人们的工作方式、生活方式、交往方式、思维方式、价值观念和精神境界等都受到了网络的深刻影响。这些长远的影响也夯实了思想政治教育工作的基础，微博很大程度上为人们信息的获取和发布搭建了一个更为开放和便捷的平台，它不仅实现了流动化的互联网信息状态，更因其庞大的用户群体带动了独特网络空间的出现，从而为思想政治教育搭建了新型的阵地。

网络空间加强了人们的思想交流，人们的价值观念也在潜移默化中得到了培养。微博平台为思想政治教育目标（即影响人们的思想和观念）的实现提供了更大的施展空间，使更多目的明确、计划周密、组织性和针对性强的思想政治教育实践活动得到了进一步提高。整体上来讲，微博的快速发展为思想政治教育提供了更大、更便利的网络空间，从而有效带动思想政治教育目标的实现。

3. 微博为思想政治教育提供多样化载体

"载体"本是一个科学术语，最初出现于化学领域，后来广泛应用于科学技术各领域，其基本含义可概括为：某些能传递或运载其他物质的物质。20 世纪 80 年代，"载体"这一概念被首次引入思想政治教育领域，随之形成"思想政治教育载体"这一新概念，它是指在实施思想政治教育的过程中，能够承载和传递思想政治教育信息，能为思想政治教育主体所运用，能促使思想政治教育主客体之间相互作用的一种物质实体或外在形态。根据这一定义，在思想政治教育载体的创新和运用中，必须注意把握两点：一是承载思想政治教育的信息，并能为教育主体所操作；二是联结教育主体和客体，使主客体之间发生互动。思想政治教育载体是一种客观存在，而且是一个潜移默化的过程，其表现形态多种多样，包括谈话与咨询载体、管理载体、文化载体、活动载体、传媒载体、网络信息载体等。其中，大众传播载体由于其承载信息丰富、互动强、传播快、覆盖广、影响深等特点成为思想政治教育的一大重要载体，而伴随着微博的出现和发展，思想政治教育载体又得到了新的补给，微博成为思想政治教育大众传播载体的新成员。

第一，在微博即时性优势的影响下，信息的传递效率得到显著提升，因此，思想政治教育信息的传递和分享更快捷、更优质。

第二，微博用户之间实现良好的互动沟通，主要依赖于微博强大的后台功能，如转发微博、评论微博、微博私信和微博话题讨论等。对于思想政治教育主客体之间的双向互动而言，微博的互动性特点发挥的作用十分显著。与此同时，这种双向沟通的平等性和针对性大幅提升了沟通效率，更通过对时空限制的突破推动了思想政治教育活动的正常进展。

第三，作为当下较为普及的一种互联网产品，微博具有不容小觑的影响范围和影响力，而将思想政治教育与微博相结合，可以借助其在扩散性方面的优势扩大思想政治教育的辐射面积，这无疑会对全民性思想政治教育目标的实现提供强大的助力。

第四，微博平台承担着供微博用户自主表达（如抒发感慨、发表观点、表达看法等）的职能。因此，将微博与思想政治教育相结合可以确保思想政治教育者对教育对象最新思想动态把握的精准度和实时性，进一步来讲，有效保证了思想政治教育引导和引领的针对性及思想政治教育的效果。

第五，微博的网络应用涉及文字、图片、声音、视频、动画等多种形式，微博具有一定的可操作性和娱乐性与其对多媒体技术的应用分不开。以微博为媒介积极开展思想政治教育，对教育对象的吸引力也更强。

总而言之，作为新时期思想政治教育工作有效开展的重要载体之一，在推动思想政治教育实践活动有效开展方面，微博的优势明显、作用不容忽视，需要进一步探索实现二者有机融合的有效路径。

（二）高校思想政治教育微博平台建设的策略

1. 平台定位与规划

（1）明确平台的教育目标与定位。在建设高校思想政治教育微博平台之初，首先要明确平台的教育目标和定位。教育目标应当聚焦于培养大学生的社会主义核心价值观、提升思想政治素养、增强社会责任感等方面。定位则需要结合高校自身的特色和优势，将平台打造成为传播正能量、弘扬主流价值观的重要阵地。

为实现这一目标，需要深入研究大学生群体的思想动态、兴趣爱好和信息需求，确保平台内容能够贴近学生实际，满足学生需求。同时，要注重平台的权威性和公信力，确保发布的信息真实、准确、权威，为学生提供一个可靠的信息来源。

（2）制定平台发展规划与实施方案。在明确平台的教育目标与定位后，需要制定详细的发展规划和实施方案。发展规划应当包括短期、中期和长期目标，以及实现这些目标的具体步骤和时间表。实施方案则需要明确各项工作的具体责任人和任务分工，确保各项任务能够得到有效落实。

在制定发展规划和实施方案时，要注重科学性和可行性。要结合高校的实际情况和资源条件，充分考虑各种可能的风险和挑战，确保平台建设的顺利进行。同时，要注重创新性和前瞻性，积极引入新技术、新方法，推动平台建设的不断创新和发展。

2. 内容策划与设计

（1）思想政治教育内容的筛选与整合。在策划和设计微博平台的内容时，首先要对思想政治教育内容进行筛选和整合。要选择具有代表性、时代性和针对性的思想政治教育内容，确保这些内容能够引起大学生的共鸣和思考。同时，要注重内容的多样性和丰富性，包括理论文章、案例分析、时事评论等多种形式，以满足不同学生的需求。

在筛选和整合内容时，要注重内容的权威性和可信度。要选择来自权威机构、专家学者和优秀教师的文章和案例，确保信息的真实性和准确性。同时，要注重内容的时效性和新颖性，及时更新和发布最新的思想政治教育成果和动态。

（2）微博内容的创新设计与呈现。在设计和呈现微博内容时，要注重创新性和互动性。要采用生动有趣的表达方式和手段，如图文并茂、视频音频等多媒体形式，使内容更加生动有趣、易于理解。同时，要注重与学生的互动和交流，鼓励学生在评论区发表自己的观点和看法，增强学生的参与感和归属感。

在设计和呈现微博内容时，还要注重内容的可读性和可分享性。要采用简洁明了的语言和表达方式，使内容易于阅读和理解。同时，要注重内容的可分享性，方便学生将内容分享到其他社交媒体平台，扩大内容的传播范围和影响力。

3. 用户互动与参与

（1）引导学生积极参与平台互动。在推动高校思想政治教育微博平台建设的过程中，要注重引导学生积极参与平台互动。可以通过设置话题讨论、问卷调查、在线问答等方式，鼓励学生表达自己的观点和看法，增强学生的参与感和归属感。同时，要注重对学生留言和评论的及时回复和反馈，增强学生的获得感和满足感。

（2）搭建师生互动交流的桥梁。平台上搭建师生互动交流的桥梁是提升教育效果的重要途径。可以邀请专家学者、优秀教师等加入平台，与学生进行在线交流和互动。通过解答学生的疑问、分享自己的经验和见解等方式，增进师生之间的了解和信任，提升教育的针对性和实效性。

4. 数据分析与优化

（1）利用数据分析工具监测平台效果。在推动高校思想政治教育微博平台建设的过程中，要注重利用数据分析工具监测平台效果。可以通过收集和分析用户的访问量、点赞量、评论量等数据指标，了解用户对平台内容的喜好和偏好，为平台内容的优化提供参考依据。

（2）根据数据分析结果优化平台策略。在收集和分析数据的基础上，根据数据分析结果优化平台策略。可以根据用户的喜好和偏好调整内容的发布时间和频率、优化内容的呈现方式和手段等。同时，要注重对用户的反馈和建议进行收集和分析，不断改进和完善平台的各项功能和服务。

通过以上四个方面的策略与方法，可以有效地推动高校思想政治教育微博平台的建设和发展，提升教育的针对性和实效性，为培养德智体美劳全面发展的社会主义建设者和接班人作出积极贡献。

三、短视频平台

（一）短视频平台的特点与优势

在数字信息飞速发展的时代，短视频平台以其独特的传播方式和强大的影响力，逐渐渗透到人们生活的方方面面。短视频平台是近年来随着互联网技术的快速发展而兴起的一种新型媒体形态，它以短视频为主要内容形式，通过移动互联网进行传播，具有制作简单、传播迅速、互动性强等特点。在高校思想政治教育领域，短视频平台同样展现出了巨大的潜力和价值。

1. 短视频平台的特点

（1）内容短小精悍，易于传播。短视频平台的核心特点之一是内容短小精悍。每个视频通常只有几十秒到几分钟不等，这种短小的内容形式使信息能够迅速传播，符合现代人快节奏的生活方式和碎片化的阅读习惯。同时，短视频也更容易被用户接受和记忆，有利于信息的快速传播和广泛覆盖。

（2）互动性强，用户参与度高。短视频平台具有很强的互动性。用户不仅可以观看视频内容，还可以进行点赞、评论、分享等互动操作，与其他用户进行交流和互动。这种互动性不仅提高了用户的参与度和黏性，也增强了用户对平台的归属感和认同感。同时，用户还可以通过制作和发布自己的短视频内容来展示自己的才华和观点，进一步增强平台的互动性和用户黏性。

（3）视觉效果好，易于吸引注意力。短视频平台以视频为主要内容形式，具有视觉效果好的特点。视频内容可以通过画面、声音、文字等多种元素进行呈现，使信息更加生动、形象、直观。这种视觉效果好的特点使短视频更容易吸引用户的注意力，提高用户的观看兴趣和参与度。同时，短视频还可以通过创意性的剪辑和特效处理来增强内容的趣味性和吸引力，进一步提升用户的观看体验。

2. 短视频平台在高校思想政治教育中的优势

（1）拓宽教育渠道，丰富教育内容。通过短视频平台，高校可以拓宽思想政治教育的渠道和形式。传统的思想政治教育往往依赖于课堂教学和讲座等形式，而短视频平台则可以提供更加丰富、多样化的教育内容。高校可以制作和发布具有针对性的短视频内容，如红色故事、先进人物事迹、时事热点解读等，以生动、形象的方式传递正能量和核心价值观。同时，短视频平台还可以引入外部优质教育资源，如专家讲座、历史纪录片等，进一步丰富教育内容，提高教育质量。

（2）增强教育互动性，提高学生参与度。短视频平台的互动性特点可以大大增强思想政治教育的互动性和学生的参与度。高校可以通过短视频平台开展线上互动教学活动，如主题讨论、问答互动等，鼓励学生积极参与并发表自己的观点和看法。同时，学生也可以自行制作和发布短视频内容来展示自己的学习成果和心得体会，进一步激发学习热情和创造力。这种互动性和参与性的提升有助于增强思想政治教育的吸引力和影响力，提高教育效果。

（3）创新教育方式，提高教育效果。短视频平台作为一种新兴的教育媒介，具有创新性的教育方式和方法。高校可以利用短视频平台的优势来创新思想政治教育的形式和内容，如采用短视频案例分析、情景模拟等方式进行教学和讨论。这种创新性的教育方式可以更加贴近学生的生活实际和兴趣点，提高学生的学习兴趣和积极性。同时，短视频平台还可以借助大数据和人工智能技术来分析学生的学习行为和偏好，为教育决策者提供更加精准、科学的数据支持，进一步优化教育资源配置和提高教育效果。

（二）短视频平台建设的必要性

第一，适应时代发展趋势。随着移动互联网的普及和5G技术的推广，短视频已经成为大学生日常生活的一部分。高校应顺应时代潮流，积极搭建思想政治教育短视频平台，将思想政治教育内容以更加生动、直观的形式呈现给学生。

第二，拓展思想政治教育渠道。传统思想政治教育主要依赖课堂教学、讲座报告等形式，而短视频平台能够打破时空限制，实现思想政治教育内容的快速传播和广泛覆盖。此外，短视频还具有互动性强、参与性高的特点，能够激发学生的学习兴趣和积极性。

第三，提升思想政治教育效果。通过短视频平台，高校可以将思想政治教育内容与现实生活紧密结合，以更加贴近学生实际的方式呈现教育内容。同时，短视频平台还能够收集学生的反馈意见，高校可以据此及时调整教育策略，提高思想政治教育的针对性和实效性。

（三）短视频平台建设的策略

第一，明确平台建设目标。在平台建设初期，高校应明确平台建设目标，即利用短视频平台提升思想政治教育效果。目标设定应具体、可量化，以便于后续工作的开展和评估。

第二，精选教育内容。思想政治教育短视频平台应围绕社会主义核心价值观、国家大政方针、时事热点等内容进行选题。同时，还应注重内容的时效性和针对性，确保教育内容能够引起学生的共鸣和思考。

第三，创新教育方式。在短视频制作过程中，高校应充分利用新媒体技术，创新教育方式。例如，可以采用动画、微电影、纪录片等形式呈现教育内容，以增强视觉效果和吸引力。此外，还可以引入虚拟现实（VR）、增强现实（AR）等先进技术，为学生提供沉浸式的学习体验。

第四，强化师生互动。思想政治教育短视频平台应重视师生互动环节。高校可以设立专门的互动区域，鼓励学生发表观点、提出问题、分享心得。同时，教师也应积极参与互动环节，及时回答学生的问题，引导学生深入思考。

第五，完善管理机制。为确保思想政治教育短视频平台健康有序运行，高校应建立完善的管理机制。包括内容审核机制、用户管理机制、技术支持机制等。此外，还应定期对平台运行情况进行评估和总结，及时发现问题并加以改进。

第二节　大数据促进高校思想政治教育工作的创新

一、大数据的特征

如今，物联网与互联网结合，在网络金融、电子商务、现代物流、移动出行等现代服务业的基础上，增生了车联网、智慧交通、智慧电网、智慧城市等系统。其中获取、存储、输送和处理的数据飞速飙升，旧式的信息处理手段已无法应对其采集、整理、储存、检索、分析等方方面面的问题。

大数据之"大"，不单单是容量层面的含义。只是容量的扩充还不至于让当今的计算处理系统倍感挑战。实际上大数据之博大，包含 5 个层面，可概括为"5V"。

第一，Veracity，数据真实性强。这里的真实性不但指机器采集相比人工记录和记忆的客观性和准确性更高，如数字监控系统，而且通过跨领域、跨地域数据库的联网对照、综合、自我修缮等功能，进一步确保采集对象数据集的完整度和拟真度。

第二，Volume，数据数量大。数据体量增大不仅是数字膨胀，还有单位本身的变大。例如，从 2010 年至 2020 年，全球数据量扩大了约 50 倍。其中单一数量集已跃升为 TB 至 PB 规模。1PB 数据的存储以硬件设备计，需要 2000 台硬盘容量为 500GB 的个人计算机。此外，数量大还由于数据源多，覆盖面广。随着智能设备和应用的普及，可采集的数据源还在进一步扩大。

第三，Variety，数据种类繁杂。由于传感器类型增多，社交网络、智能终端的风行，数据的类型越发多种多样，包括结构化、非结构化、半结构化的数据。除了数据库这种结构化数据，还有图片、邮件、网页、音频、视频等待加工的半结构化、非结构化数据。种类繁杂的数据能通过不同形式的处理、整合纳入大数据云。

第四，Velocity，数据流动快。过去的数据流通在个人或机构的计算机上进行，受限于网络范围和质量，传输速度慢，数据流通量小，效率低。如今信息全球化，互联网发达，承载力大大提升，传输速度有了质的飞跃。这又进一步导致数据的动态变化性大，更新率和迭代率高。大数据作为流式数据的特性为其处理和管理带来极大的挑战。

第五，Value，数据价值高。大数据的价值高在于整体价值高。由于数据量基数大，其价值密度还是比较低的，有相当一部分调研价值低的数据没有直接存储的意义。然而从全局的战略角度来说，一方面，大数据实现对人类和自然活动更全面的记录；另一方面，通过对广泛的数据样本进行挖掘分析，大数据能得出许多新规律和趋势，加上机器深度学习、AI运算等方法，对金融、军事、工农、医疗等各个领域、行业的未来发展状况作出一定的预测。辅助决策、提高生产和生活效率、改善社会管理和治安、推动科研发展进步才是大数据最大的价值。

二、大数据促进高校思想政治教育的时代价值

（一）引领高校思想政治教育方法的根本性革新

高校思想政治教育工作的实施策略与手段的科学性和有效性，对于实现其作为立德树人核心课程的实质作用具有决定性作用。在当前大数据时代的浪潮下，高校思想政治教育正经历着前所未有的方法变革。这一变

革的核心在于构建了一个涵盖"认知构建—实践实施—深度分析—综合评价"的闭环研究方法体系。

首先，有助于深化对教育主体的全面认知。教育主体作为思想政治教育活动的核心，其认知状态与行为特征对教育活动的效果具有直接影响。大数据技术的应用极大地缩短了获取教育主体信息的时间，拓宽了获取信息的空间，使教育主体在思想认识、行为表现等多维度上的状态得以全面、系统地分析，为教育活动的精准实施提供了强有力的数据支撑。

其次，大数据技术的应用显著提升了教育活动的实施效率与质量。通过大数据的整合与分析，高校思想政治教育活动得以在内容上得到极大的丰富和重构，使教育内容更加贴近时代需求，符合教育主体的实际。同时，大数据的空间性特征使得思想政治教育活动领域得到了极大的拓展，有助于形成新时代"全员、全程、全方位"的育人格局。

再次，大数据技术的应用进一步增强了教育分析的科学性。通过数据驱动的方法，实现了思想政治教育方法"定性＋定量""局部＋整体""线性＋非线性"的有机融合，提升了教育分析的精准性和深度，为制定更加科学、有效的教育策略提供了坚实的基础。

最后，大数据技术的应用促进了教育评价的全面性与系统性。基于大数据的分析，可以构建出一个全面覆盖教育目标、教育主体特点、教育实施情况等多维度的评价指标体系，提高了评价的科学性。同时，通过建立"实施前—实施中—实施后"的动态评价机制，实现了对教育过程的全程监控和及时调整，确保了教育活动的有效实施。

（二）激发高校思想政治理论课教师的内在驱动力

在高等教育体系中，教师是教育活动的主导者，其专业素养和教育教学能力对于教育的质量和效果具有决定性作用。特别是在思想政治理论课程中，教师尤为关键。随着现代化教育技术的飞速发展，信息的获取、分析与交互方式发生了深刻变革，学生的日常生活、学习方式和内在需求也随之调整，这为高校思想政治理论课教师带来了前所未有的挑战与机遇。

首先，在大数据技术的支持下，高校思想政治理论课教师的教学能力得到了显著提升。教师需要更新教育理念，摒弃传统固化思维，紧密结合网络化时代学生的思想特点与信息获取需求，实现与学生之间的有效互动，以满足学生多样化的学习需求。同时，教师需要不断更新教学内容体系，将习近平新时代中国特色社会主义思想、社会热点问题等融入课堂教学，以满足学生对新知识、新观点的期待。此外，教师还应积极参与信息化、数字化教学技能的培训与学习，熟练掌握"智慧课堂""数字教师"等教学工具，提升课堂教学的生动性和实效性，并引导学生提高信息化处理能力。

其次，大数据技术的应用有助于拓展高校思政课教师的知识视野和学术深度。思想政治理论课教师需要涉猎除马克思主义理论外的多学科知识体系，以增强自身的学术功底和教学自信，从而有效解答学生提出的复杂疑难问题，增强思想政治课的说服力和阐释力。在互联网时代，跨学科的知识交流、碰撞与融合已成为常态，思想政治理论课教师应充分利用信息化技能，掌握跨学科思维，寻找不同学科间的知识融合点，实时把握融合规律，以拓宽自身的学术视野和知识体系。

最后，大数据技术对于提升高校思想政治理论课教师的育人能力具有积极作用。高校思想政治理论课教师的现代化发展不应仅局限于思想观念和教学内容体系的拓展，而应基于大数据技术，转化为提高育人能力和水平的实际行动。教师应掌握并利用大数据技术的动态预测、数据共享、信息查找、类型归类等功能，构建思想政治理论课实践教学的智能化、数字化平台，将教育内容贯穿于学生日常学习与生活的全过程、各方面。这有助于教师精准观察学生的思想动态和行为习惯，掌握学生发展需求的增长点，促进高校思想政治教育更加贴近生活，真正实现教师与学生之间的教学相长。

（三）促进高校思想政治教育的现代化转型与发展

在推进高校思想政治教育的现代化进程中，首要任务是实现其在思维模式上的"数据化"转型。这一转型体现在以下三个核心思维逻辑上。

首先，开放包容的思维逻辑。这要求我们以开放包容的心态，接纳和吸收所有有助于提升思想政治教育质量的新理念、新方法。这种思维逻辑有助于思想政治教育内容的丰富和形式的多样化，使教育活动更具活力和创新性。

其次，与时俱进的思维逻辑。随着信息化时代的快速发展，思想政治教育工作者需要敏锐地捕捉时代变革的脉搏，积极树立问题意识和创新意识，勇于革新旧有的教育理念、模式和机制，以推动思想政治教育在育人理念、目标、理论体系和工作机制等方面的与时俱进。

最后，双向互动的思维逻辑。信息技术的飞速发展使思想政治教育呈现出"网内"与"网外"相结合的新形态，教育者与教育对象之间的平等性和交互性日益增强。因此，教育者需要更加注重与教育对象的平等交流，激发他们的学习积极性和参与度，以实现更好的教育效果。

推进高校思想政治教育的现代化也要求我们在实践层面上实现"科学精准"的转型。大数据技术的应用为思想政治教育提供了可量化、可视化、实证性和精准化的新途径。相较于传统教育模式中受限于人力、物力、财力等因素的抽样调查方法，大数据能够高效、系统地记录和分析学生的日常行为、思想认识等数据，从而更加准确地反映学生群体的整体状况。基于这些数据，高校思想政治教育可以制定更加符合学生身心发展需求和学习特点的培养方案、教学计划、教学内容等，确保教育活动的针对性和实效性，实现"三全育人"的目标。

三、大数据促进高校思想政治教育的发展方向

高校思想政治教育是中国特色社会主义大学立德树人的重要内容，关系到办什么样的大学和培养什么样的人的根本问题。互联网是新时代最大

的"时"，大学生思想政治教育是新时代高校最大的"事"，大数据应用是新时代最大的"势"，应用大数据开展大学生思想政治教育是新时代高校思想政治教育工作的新要求和必然选择。

（一）高校思想政治宣传教育与大数据

打破传统思维定势，先要对我们身处的新时代有清晰的认识。宣传教育本身就是一种思想营销，是把正确的理论传授给学生的过程。

首先，通过大数据全面准确了解宣传对象。传统的做法基本都是通过调查问卷的方式来掌握学生的一些思想动态，了解学生需求，但通过问卷的方式得来的结果与学生思想深处真实的想法存在很大的误差，因为这一过程中有很多情绪、情感和干扰因素在里面，同时，访谈者也有可能戴着主观上的"有色"眼镜来审视学生。因此，仅靠传统的调查问卷、座谈会等方式掌握学生的思想动态是不够的。在互联网时代，学生的喜怒哀乐、心语心愿都会体现在网络平台上，这些数据虽然实时有效，但过于碎片化、杂乱无序，因此需要借助大数据技术深入挖掘。通过人数据"画像"，准确掌握学生最新思想动态、热点话题、流行喜好等，从而选择最佳的教育引导方式来教育引导服务学生。

其次，运用大数据实现宣传教育内容的"私人订制"。在因地制宜、个性化的宣传策略制定上，大数据同样可以发挥作用。例如在淘宝等网络平台上，展示给每一位用户的页面都是不一样的，平台会根据用户的消费习惯等特性推荐不同的商品展示给用户，由原来的"人找商品"变成了"商品找人"。高校思想政治教育工作者如果能针对不同专业、不同年级、不同地域甚至每一个学生的特点，设计个性化的宣传教育策略，实行"私人订制"式的精准服务，教育效果将会事半功倍。

再次，通过大数据实现宣传教育全过程品控。通过大数据可以随时掌握针对某一"事件"或者"主题"的宣传教育活动的效果，通过碎片化的数据分析和追踪，来检验之前的宣传教育手段是否有效，既有前期决策方面，又有结果反馈方面，形成了一个教育闭环。

最后，有效借用第三方大数据。在数据利用方面，除了自己专门做分析挖掘以外，还可以借助第三方数据平台发布的报告，掌握不同群体学生的特性，例如全国互联网研究中心、微信、微博、抖音等每年都会发布用户行为的大数据报告，这些都是很有价值的参考依据。

（二）高校思想政治教育预判预警与大数据

大数据在高校思想政治教育中具有预判预警的作用。通过收集、分析和处理大量的数据，可以帮助高校及教师了解学生的思想倾向、学习习惯和情绪状态，从而及时发现潜在的问题和风险，采取相应的教育干预措施。

首先，大数据可以用于预测学生的思想倾向和态度变化。通过分析学生在社交媒体、网络平台和学习管理系统等平台上的言论、行为和交互数据，可以了解学生的兴趣爱好、价值观念和思想动向，从而预测其可能的思想倾向和态度变化。这可以帮助高校及时了解学生的思想变化趋势，有针对性地进行思想政治教育。

其次，大数据可以用于预警学生的情绪状态和心理健康问题。通过分析学生的网络行为和在线学习行为数据，可以发现学生的情绪波动和心理压力变化，以及可能存在的心理健康问题。高校可以根据预警信息及时介入，提供心理咨询和支持服务，帮助学生调整情绪、缓解压力，促进其积极健康地成长。

此外，大数据还可以用于识别和预警潜在的思想偏激、极端化倾向。通过分析学生在网络平台上发布的言论、观点以及与他人的互动，可以辨识出学生可能存在的激进思想言论和行为，进而提前采取干预措施。这有助于遏制极端思想的蔓延，维护高校校园环境的安全稳定。

大数据在高校思想政治教育中的预判预警作用应当遵循相关的法律法规和伦理准则，保护学生的隐私和个人信息安全。同时，高校应当充分尊重学生的主体地位，遵循科学合理的教育原则，不断提升教师的教育能力和思想政治教育的质量。

四、大数据促进高校思想政治教育的优化策略

（一）增强高校思想政治教育工作者的大数据认知与应用能力

首先，深化对大数据本质的理解。大数据不仅是一种技术手段，更是一套"数据驱动—业务需求—目标实现"的综合策略，其特点在于其无与伦比的精确性、前瞻性和预测性。高校思想政治教育工作者应当摒弃传统数据观，全面、系统地理解大数据的内涵、特性及其在教育工作中的潜在应用。

其次，明确大数据在思想政治教育中的价值。大数据所构建的信息环境以其海量、多样和复杂的特性，深刻影响着大学生的思想观念、行为模式及价值观形成。鉴于大学生对新事物的高度接受度及其在网络空间的活跃度，教育工作者应充分利用大数据工具，收集并分析学生的网络行为数据，通过可视化手段呈现分析结果，以制定更为精准的教育策略。同时，大数据技术的引入，能够有效打破信息传播的时空限制，提高信息流通效率，进而增强思想政治教育的实效性。

最后，强化大数据的实践能力。教育工作者需树立数据采集与记录意识，利用大数据工具系统地收集学生的各类信息数据，全面把握学生的学习状态和思想动态。同时，还应树立数据整合与分析思维，摒弃简单的数据堆砌，通过数据间的关联性、互嵌性分析，深入理解学生的思想动态和学习状况，进而提出更具针对性的教育方案。

（二）强化高校思想政治教育工作者的大数据转化与应用能力

首先，高校应构建完善的大数据技术基础设施。作为大数据应用的核心支撑，先进且完善的专业设备是确保大数据技术在高校思想政治教育中得以有效转化的关键。高校应积极响应大数据时代的发展趋势，加大在大数据硬件建设上的投入，搭建功能全面、操作便捷的大数据平台，从而为大数据技术的深度应用提供坚实的物质基础。

其次，高校应定期举办大数据技术应用培训。鉴于大数据技术的复杂

性和专业性，仅仅依靠教育工作者现有的技术储备难以实现对大数据技术的全面掌握和高效应用。因此，高校应定期组织相关技能培训，帮助教育工作者深入理解大数据的运行原理，熟练掌握其操作流程，为大数据技术在高校思想政治教育中的广泛应用提供技术保障。

最后，高校思想政治教育工作者应积极培养自主学习能力。提升大数据应用能力，除了外在的支持和推动外，更关键的是教育工作者自身的学习态度和努力。教育工作者应树立持续学习的理念，在工作实践中不断总结经验，发现自身不足，并积极主动地寻求学习和提升的机会，通过持续学习来不断提高自身的大数据应用能力。

（三）构建大数据与高校思想政治教育融合的系统机制

在当今信息化时代，大数据与高校思想政治教育的深度融合已成为推动教育创新的重要方向。为实现这一目标，我们需要构建一个全面、系统、科学的机制体系，以确保两者之间的有效融合。

首先，明确并强化"融合"的职责体系。融合工作并非单一主体的任务，而是一个多元主体共同参与、协同推进的过程。学校层面作为领导者，需制定明确的融合目标、规划实施路径、确保任务落实，并构建完善的考核评价体系，以确保融合工作的深入推进。同时，教育工作者作为实践者，需要充分发挥主体作用，将大数据技术有效运用于高校思想政治教育实践中，为融合工作提供有力的实践支撑。为明确责任主体、激发融合动力，我们需要建立健全融合责任落实机制，确保各项融合任务得以高质量推进。

其次，建立健全"融合"的政策保障机制。政策保障是推进大数据与高校思想政治教育深度融合的关键因素。为此，高校应持续跟进财政投入政策，确保融合工作得到充足的资金支持。同时，高校还应加强人才支持政策，为大数据建设与运用提供可靠的技术人才保障。通过提高相关人才的收入水平、提供广阔的发展平台，激发他们参与融合工作的积极性和创造性。

再次，建立健全"融合"的统筹协调机制。大数据与高校思想政治教育的深度融合是一项系统工程，涉及多个领域、多个部门、多个环节。为确保融合工作的顺利进行，我们需要构建统筹协调机制，加强各部门之间的沟通与协作，形成工作合力。同时，我们还需要明确融合工作的各项指标和任务，确保各项工作有序推进、相互促进。

最后，建立健全"融合"的考核评价机制。考核评价机制是衡量融合工作成效的重要标准，也是推动融合工作不断完善的重要动力。我们需要科学制定融合的评价指标，确保考核评价的全面性和系统性。同时，我们还需要构建完善的考核评价体系，确保评价结果的客观性和公正性。通过落实考核评价机制，发挥其在融合工作中的"指挥棒"作用，推动大数据与高校思想政治教育的深度融合不断取得新成效。

第三节　全媒体背景下高校思想政治教育工作的创新

一、全媒体的特点

全媒体概念最早出现在生活服务领域，却预示了当今及未来新闻传媒的发展方向。[1] 全媒体，作为一种综合性的媒介形态，指的是在传播过程中，运用文字、声音、影像、动画、网页等多种媒体表现手段，通过广播、电视、音像、电影、出版、报纸、杂志、网站等不同媒介形态传播信息。全媒体不仅涵盖了传统媒体的所有形式，还融合了新媒体的技术特点，形成了一种全新的、全方位的传播体系。

全媒体的特点如下。

第一，综合性。全媒体融合了多种传播载体，包括报纸、杂志、广播、电视、音像、电影、网络、电信、卫星通信等，涵盖了视、听、形

[1] 郜书锴.全媒体：概念解析与理论重构[J].浙江传媒学院学报，2012，19（04）：37.

象、触觉等人们接受信息的全部感官形式。这种综合性使得全媒体在信息传播过程中具有更强的表现力和感染力。

第二，包容性。全媒体并不排斥传统媒体的单一表现形式，而是将各种媒体形式进行有机融合，形成一个统一的传播体系。这种包容性使得全媒体在整合运用各媒体表现形式的同时，仍然重视传统媒体的核心价值特性和优势。

第三，细分化。全媒体以受众需求为导向，通过提供个性化的信息服务，实现超细分服务。

二、全媒体时代给思想政治教育带来的机遇

（一）拓展教育的形式

全媒体时代为思想政治教育提供了更为广阔的平台和渠道，使教育形式得以极大地拓展。传统的思想政治教育往往依赖于课堂教学、讲座、研讨会等形式，这些形式在时间和空间上都存在一定的限制。然而，在全媒体时代，可以借助互联网、移动终端等新媒体技术，实现教育的线上线下融合，突破时空的限制，让思想政治教育无处不在、无时不在。

具体来说，可以利用社交媒体、在线教育平台等新媒体工具，开展远程教学、在线讨论、互动答疑等活动，让学生可以随时随地参与学习，提高学习的便捷性和灵活性。同时，还可以通过制作视频、音频、动画等多媒体教育资源，将枯燥的文字知识转化为生动有趣的视听内容，激发学生的学习兴趣和积极性。

此外，全媒体时代还催生了诸多新的教育模式，如慕课、微课、翻转课堂等。这些模式不仅丰富了教育形式，还使思想政治教育更加符合学生的学习需求和兴趣点。例如，慕课和微课可以让学生根据自己的时间安排和兴趣选择相应的课程进行学习；翻转课堂则通过让学生在课前观看教学视频、查阅资料等方式进行自主学习，然后在课堂上讨论和互动，从而提高学生的参与度和学习效果。

（二）丰富教育的内容

在全媒体时代，以网络为代表的新兴媒介形式为当代大学生的思想政治教育注入了新的活力，极大地丰富了思想政治教育的内容，并有效拓宽了教育的途径。这一变革使传统的大学生思想政治教育内容的定义不再局限于传统模式，而是向着更为多元化、动态化的方向发展。

首先，网络作为一种信息量大、覆盖面广的全媒体形式，为思想政治教育提供了海量的教育资源。教育者可以通过网络平台轻松获取各种与思想政治教育相关的信息和资料，这极大地丰富了教育内容。同时，学生也可以根据自己的兴趣和需求，在网络上自主选择学习材料，进一步拓宽了他们的知识视野。这种丰富性和选择性使思想政治教育更加符合当代大学生的实际需求，提高了教育的针对性和实效性。

其次，网络媒体的直观性、生动性等特点也极大地增强了思想政治教育的吸引力。通过形象、直观、生动的动态信息展示，网络能够迅速吸引学生的注意力，激发他们的好奇心和求知欲。这种直观的教学方式使复杂抽象的理论知识变得更加易于理解，有助于提高学生的学习效果和兴趣。

最后，全媒体时代还促进了教育者学识的提升。教育者同样作为网络、手机、多媒体技术等新媒体的受益者，能够不断吸收新知识、新观点，以更加丰富、全面的知识来承载内在的思想政治教育内容。通过建设思想政治教育网站，教育者可以为学生提供全新的、更具有针对性的教育信息，使教育内容更加丰富和多样化。这种全新的教育方式不仅吸引了学生的注意力，也增强了教育的感染力和说服力。

（三）提高教育的效率

在全媒体时代背景下，信息传播的高效性为思想政治教育工作带来了显著的效率提升。相较于传统媒体信息传递的滞后性，全媒体平台如网络、手机短信、手机网络等，以其即时性和便捷性，极大地加快了信息的传播速度，使得思想政治教育内容能够迅速、准确地传递给每一位受教育者。这种高效性不仅体现在信息传播的速度上，更在于其传播方式的多样性和互动性。教育者可以通过网络平台如校园网、班级 QQ 群等，将大学生思想政治教育理论课的课件、讲义、案例分析、讨论题等及时发布，让学生随时随地参与学习讨论。这种线上线下的互动模式，使思想政治教育课程的思想和内容从课堂延伸到网络，从课内延伸到课外，极大地激发了学生的学习热情和积极性。

同时，大学生思想政治教育专门网站的建设，进一步提高了教育的效率。这些网站通过超文本链接功能，将各种相关的理论著作、概念、事件、人物等进行关联，使学生在学习过程中能够方便地获取到丰富的背景资料和参考信息。这不仅提高了学生理论学习的效率，也增强了学习内容的全面性和综合性。

此外，全媒体时代下的思想政治教育还注重与现代科技的融合。例如，利用虚拟现实（VR）、增强现实（AR）等先进技术，可以为学生创造出身临其境的学习体验，使抽象的理论知识变得更加直观易懂。这种创新的教育方式不仅提高了学生的学习效率，也增强了思想政治教育的吸引力和感染力。

三、全媒体时代高校思想政治教育的创新之路

随着移动互联网和全媒体的发展，手机、电脑等移动终端的应用愈来愈普及。全媒体时代，积极探索高校思想政治教育工作的实践新路径，把握时机、顺势而为，站在新的历史起点上，进一步推进大学生思想政治教育工作，成为当前亟需解决的重要问题。❶

❶ 杨晓平，刘强，李雷.全媒体时代高校思想政治教育工作路径创新研究 [J].教育现代化，2020，7（21）：194.

（一）丰富高校思想政治教育载体

1.完善载体数字化建设

随着数字化技术的迅猛发展，传统思想政治教育模式正面临着深刻的变革。为了顺应这一变革，必须加强载体数字化建设，深入建设数字化教材体系。具体而言，应努力开发与大学生身心发展特点相匹配、与思想政治教育目标和任务相吻合的优秀全媒体教学软件。这类软件不仅能够提供丰富多样的教育资源，还能够通过生动的图像、音频、视频等多媒体形式，激发学生的学习兴趣和积极性。同时，数字化教学软件还能够实现个性化教学，满足不同学生的学习需求，提高教学效果。这种与时俱进的创新举措，不仅有助于推动思想政治教育的现代化进程，还能够提升思想政治教育的吸引力和感染力。

2.促进载体复合化建设

在加强载体数字化建设的同时，还应注重加强载体复合化建设。

（1）巩固加强传统媒体教育，发挥校园广播、校园宣传栏、校报、校刊等宣传阵地在校园文化建设中的传统优势。这些传统媒体具有广泛的覆盖面和深厚的群众基础，对于传播正能量、弘扬主旋律具有重要作用。

（2）在融合校园各类媒体资源的基础上，创造新的媒体环境，重新整合各类媒体资源，打造新的媒介形式。例如，可以运用体育场媒体、教学楼媒体、生活区媒体等形式展开思想政治教育活动，使思想政治教育更加贴近学生的日常生活，提高学生的参与度和获得感。

（3）通过持续传递正确的思想观念及指导价值，营造融洽的育人氛围，促进当代大学生思想政治教育实效性效果的实现。这种复合化的载体建设方式，有助于实现思想政治教育资源的优化配置和共享，提高思想政治教育的针对性和实效性。

（二）提升高校思想政治教育水平

在全媒体时代背景下，提升思想政治教育水平显得尤为重要。这不仅关乎着大学生的健康成长，也关系到国家的未来和社会的稳定。

1. 提升大众传媒从业人员的综合素质

随着社会的快速发展，大众传媒在信息传播中扮演着越来越重要的角色，对于大学生的日常生活和价值观念产生了深远的影响。然而，一些不良信息的传播也给大学生的成长带来了负面影响。因此，提升大众传媒从业人员的综合素质显得尤为重要。

（1）大众传媒从业人员必须具备坚定的政治立场和正确的价值观念。他们应当牢记自己的社会责任，坚守职业道德，积极传播正能量，抵制和防范不良信息的传播。

（2）大众传媒从业人员需要具备丰富的专业知识和高超的业务能力。他们应当熟悉新闻传播规律，掌握现代传播技术，不断提高自己的专业素养和综合能力，以更好地满足广大受众的信息需求。

（3）大众传媒从业人员还需要具备高度的责任感和使命感。他们应当积极关注社会热点和民生问题，及时报道事实真相，传递社会正能量，为大学生的成长营造良好的舆论环境。

2. 培养专业的思想政治教育者

（1）更新观念，观念促成行动，要培养专业的思想政治教育者队伍，必须要以现代化的思想政治教育观念为先导，着力转变固有的旧观念。

（2）学习传播学技巧。所谓传播技巧，指的是在传播活动中，为顺利达到说服目的而采用的方法与策略。它是通过对传播规律、原理进行灵活运用而表现出来的一种既特殊又具体的传播方法，其主旨是为传播谋略与内容服务的。

（3）思想政治教育者队伍的发展壮大，需要思想政治教育者们深入学习知识，利用扎实的理论知识，结合学生实际特点开展具有强烈感染力的思想政治工作，只有这样才能达到预期目的。

第四节　人工智能赋能高校思想政治教育工作的创新

在当前科技发展的浪潮中，人工智能作为技术革命的前沿领域，已崛起为引领新一轮科技革命和产业变革的核心动力。它不仅深刻重塑了人们的生产流程、生活方式和学习模式，更推动人类社会迈向一个以人机协同、跨界融合、共创共享为特征的智能时代。特别是，人工智能正在教育领域掀起一场深刻的变革，对高校思想政治教育等教育实践活动产生了不容忽视的影响。

在信息化、互联网、区块链与人工智能技术交织发展的背景下，高校思想政治教育必须深入反思并探索在新时代背景下如何适应并引领变革，与人工智能实现深度融合。具体而言，应借助人工智能的先进技术，推动高校思想政治教育的智能化转型升级，以期为未来社会的高质量发展和社会主义现代化的全面建设培育具备智慧与综合能力的复合型人才。这一转变不仅对技术进步产生积极响应，更是对人才培养模式的深刻革新。

一、人工智能赋能高校思想政治教育的智慧发展

作为颠覆传统教育理念、形塑未来教育形态的强大科技力量，人工智能的加速更迭和全方位融入，为高校思想政治教育创新发展揭开了崭新篇章，为高校思想政治教育的对象分类、内容分发、空间拓展、话语表达等方面的质量提升提供了强大的技术支撑。

（一）人工智能赋能思想政治教育对象分类

在信息化、数据化浪潮的推动下，高校思想政治教育正迎来一场由人工智能驱动的深刻变革。教育对象的精准分类，作为提升教育实效性的关

键步骤，正逐渐从传统的基于场域、年龄、专业和班级的静态分类模式，向以人工智能为支撑的、以数据驱动的动态分类模式转变。

首先，人工智能技术的运用使得教育对象的思想行为状态得以全面、客观、深入地呈现。在大数据技术的支持下，高校可以跨越时空界限，全方位收集教育对象在日常生活、网络社交、在线学习等多方面的数据，通过先进的算法和模型对这些数据进行深度挖掘和分析，形成对教育对象思想行为的全面画像。这种基于数据驱动的画像不仅可以帮助教育者更准确地把握教育对象的内心世界，还能为教育方案的制定提供科学、客观的依据。

其次，人工智能技术的实时性和动态性使得教育对象的思想行为变化得以动态捕捉和跟踪。传统的教育方式往往侧重于静态的、一次性的教育过程，而人工智能技术的应用则使教育者可以实时监测教育对象的思想动态和行为变化，及时调整教育策略和方法。例如，通过注意力识别、情感分析等技术，教育者可以及时发现教育对象的兴趣点、疑惑点和困难点，并有针对性地提供指导和帮助。这种动态跟踪和实时反馈的方式，不仅提高了教育的针对性和实效性，也增强了教育过程的互动性和趣味性。

最后，人工智能技术的应用使得教育对象的分类标准更加科学、直观和有效。传统的分类方式往往基于一些外在的、静态的因素进行划分，难以全面反映教育对象的内在特性和动态变化；而人工智能技术的应用则可以通过对大量数据的分析和挖掘，发现教育对象在思想观念、行为取向、情感态度等方面的内在差异和规律，从而形成更加科学、合理的分类标准。同时，人工智能技术还可以将这些分类结果以数据化、图表化、结构化的方式呈现出来，使教育者可以更加直观地了解不同类别教育对象的特点和需求，为制定差异化的教育方案提供有力支持。

（二）人工智能赋能思想政治教育内容精准分发

思想政治教育内容作为教育活动的核心要素，其质量和分发效果直接关系到教育的实效性。而人工智能技术的独特优势在于其能够通过对海量数据的分析、处理和挖掘，实现信息的精准识别、推送和分发。这种技术与思想政治教育内容精准分发的需求高度契合，为提升教育效果提供了强有力的技术支撑。

人工智能算法推荐系统是人工智能技术的重要组成部分，它通过特定的算法和模型对用户的行为、偏好、需求等进行分析和预测，从而为用户推荐符合其需求的信息。在高校思想政治教育内容分析中，算法推荐系统可以通过以下方式发挥作用。

第一，数据收集与分析。算法推荐系统可以通过各种数据识别机制，收集学生在网络学习、社交互动、日常行为等方面的数据，并对其进行分析和挖掘，以了解学生的思想动态、兴趣偏好、学习需求等信息。

第二，内容筛选与匹配。基于数据分析的结果，算法推荐系统可以根据学生的需求和兴趣，筛选出符合其需求的思想政治教育内容，并进行精准匹配。这样，学生就能接收到与其思想动态、学习需求高度契合的教育内容，从而提高教育的针对性和实效性。

第三，个性化推送与定制。除了精准匹配外，算法推荐系统还可以根据学生的个性化需求，为其定制个性化的教育内容推送方案。例如，对于某些特定的学生群体，可以根据其专业背景、兴趣爱好等因素，为其推送与之相关的思想政治教育内容，以提高其学习兴趣和参与度。

人工智能技术的引入为高校思想政治教育内容的精准分发带来了诸多优势，它能够实现教育内容的精准匹配和个性化推送，满足不同学生的个性化需求；它能够提高教育内容的传播效率和覆盖面，使更多的学生受益；它还能够为教育者提供数据支持和决策参考，帮助他们更好地了解学生的学习情况和需求变化。

（三）人工智能拓宽思想政治教育空间维度

传统的高校思想政治教育实践活动多局限于物理空间内，受到时间和空间的严格限制。然而，随着互联网的兴起和人工智能技术的发展，思想政治教育空间维度得到了极大的拓展。人工智能不仅突破了物理空间的界限，还构建了一个全新的虚拟空间，使思想政治教育能够跨越时空的限制，实现全球范围内的实时互动和交流。

具体而言，人工智能通过智能发光屏幕、大规模实时在线和即时交互技术等手段，为高校思想政治教育搭建了一个实时交互、虚拟动态且声像兼备的智媒场域。这个新型的虚拟场域不仅具有高度的社会临场感，还能够在某种程度上模拟现实场域的理性、规范性和约束性。因此，人工智能时代的高校思想政治教育空间维度不仅得到了极大的拓展，还具备了更高的灵活性和互动性。

人工智能拓宽空间维度的具体表现如下。

第一，实时交互性。人工智能技术的应用使高校思想政治教育实现了实时交互性。教育者可以通过网络平台与学生进行即时的交流和互动，及时了解学生的思想动态和学习需求，从而为学生提供更加精准和有效的教育内容。同时，学生也可以通过网络平台与教育者进行互动，提出自己的问题和建议，促进教育过程的双向互动和共同发展。

第二，虚拟动态性。人工智能技术的应用使高校思想政治教育空间具有了虚拟动态性。教育者可以利用虚拟现实、增强现实等技术手段，构建虚拟的教育场景和情境，让学生在虚拟空间中体验和学习思想政治知识。这种虚拟动态性不仅丰富了教育形式和教学内容，还提高了学生的学习兴趣和参与度。

第三，全球化视野。人工智能技术的应用使高校思想政治教育具备了全球化视野。教育者可以通过网络平台与全球范围内的教育者进行交流与合作，共享教育资源和经验，推动思想政治教育的国际化和全球化发展。同时，学生也可以通过网络平台了解全球范围内的思想政治动态和事件，拓展自己的国际视野和全球意识。

人工智能拓宽高校思想政治教育空间维度具有重要意义：它打破了传统教育模式的时空限制，使思想政治教育更加灵活和便捷；它丰富了教育形式和内容，提高了学生的学习兴趣和参与度；它推动了思想政治教育的国际化和全球化发展，提升了高校的国际竞争力和影响力。

二、人工智能融入高校思想政治教育的应对方向

在人工智能时代复杂多变的教育情境下，高校思想政治教育必须坚持马克思主义立场、观点和方法，辩证看待人工智能技术动能与潜在风险，合理界定人工智能的融入边界和适用范围，积极探寻教育与技术的共存共荣之路，将人之主体能动性与机器之智能优势强强结合，自觉建构高校思想政治教育的智能形态。

（一）深化价值理性认知，审慎应对人工智能技术潜在影响

在科技迅猛发展的当下，人工智能技术的工具理性取向愈发显著，但其往往忽视人的全面发展与精神成长。高校思想政治教育的目标是促进人的全面发展，尤其在精神层面。因此，在推进教育智慧化时，应坚守育人为本、技术为用的原则，平衡工具理性与价值理性。

第一，审慎界定人工智能的应用范围至关重要。目前，人工智能技术已初步应用于高校思想政治教育，如智慧教室、云端实践等。随着技术进步，其可能更深入地融入教育各个环节。需明确 AI 的融入界限，确保在提升教育效率与质量的同时，不削弱人的主体地位和尊严。

第二，对人工智能技术保持批判性反思至关重要。正视其局限性与优势，警惕算法逻辑、市场化及数据主义倾向的负面影响。应以青年学生成长为出发点，关注其精神、价值及情感需求。深化价值理性认知，体现对学生的人文关怀，维护其情感与心理健康。同时，避免算法理性主导教育智慧发展，防止教育被技术绑架，沦为单一工具性存在。

为了实现这一目标，需要从多个方面着手：①加强人工智能技术的伦理和法规建设，确保其在高校思想政治教育领域的应用符合道德和法律规范。②提高教育者的技术素养和人文素养，使他们能够科学、合理地运用人工智能技术。③加强对学生的人文关怀和心理辅导，关注他们的成长需求和情感诉求。④建立有效的评估和监督机制，对人工智能技术在高校思想政治教育中的应用进行定期评估和监督。

（二）有效规约人工智能在思想政治教育中的价值风险

随着人工智能技术在高校思想政治教育领域的广泛应用，其展现出的巨大潜力为精准思政、虚拟思政、定制思政等创新模式的实现提供了强有力的支持。然而，与此同时，由于当前人工智能伦理规制的不足，隐私泄露、意识形态安全等问题逐渐凸显，给高校思想政治教育带来了前所未有的挑战。

为有效规约人工智能在思想政治教育中的潜在风险和伦理僭越，必须强化高校思想政治教育的主体地位和主体作用，并构建一套严密的监管体系。这一体系的核心在于建立健全的人工智能管理体制机制，依据国家相关法律制定具体的管理制度，确保人工智能在数据采集、数据应用、算法推荐等关键环节都有明确的规范和依据。这些制度不仅有助于提升对人工智能失范、违规使用的监督审查能力，还能有效规范技术人员的研发行为，保障技术的健康发展。加强前瞻预防与约束引导也是构建监管体系的重要一环。通过制定明确的操作流程和标准，我们可以确保人工智能的安全融入和可控发展，从而最大限度地化解人工智能融入过程中可能出现的风险。同时，这也有助于提升高校思想政治教育的规范性和有效性，确保教育活动的顺利进行。

增强高校相关部门的监管意识至关重要，相关部门应充分意识到算法、数据与高校思想政治教育之间的紧密联系，主动关注适用于思想政治教育领域的算法规则的设定和生成。通过科学评估人工智能在思想政治教育中的效果和意义，可以避免对人工智能的滥用、误解和迷信，实现驾驭技术、超越技术、控制技术的理想状态。

参考文献

[1] 蔡婷婷 . 新媒体时代下高校思想政治教育融入学生管理工作的方法探究 [J]. 决策探索（中），2021（10）：47-48.

[2] 曹良玉 . 人的全面发展理论视域下高校社会主义核心价值观教育路径探究 [J]. 大学，2024（09）：27-30.

[3] 陈道发 . 法治教育融入高校思想政治理论课教学研究 [J]. 湖北师范大学学报（哲学社会科学版），2023，43（01）：101-105.

[4] 陈小华，陈永清，张昊楠 . 元认知策略在大学生思想政治理论课提升共情中的应用 [J]. 现代职业教育，2022（16）：76.

[5] 崔祥翠，赵成刚 . 新时代高校思想政治理论课教学方法改革模式探析 [J]. 湖北开放职业学院学报，2021，34（19）：75-76.

[6] 戴欣宜 . 高校思想政治教育与大学生心理健康教育的融合研究 [J]. 科学咨询（教育科研），2023（12）：55-57.

[7] 邓国彬，张瑞，刘成兴 . 新时代高校思想政治教育工作协同育人机制构建研究 [J]. 学校党建与思想教育，2023（2）：25-27.

[8] 郜书锴 . 全媒体：概念解析与理论重构 [J]. 浙江传媒学院学报，2012，19（04）：37.

[9] 郭雄伟 . 新时代高校思想政治教育中的法治素养教育 [J]. 科学咨询（教育科研），2023（12）：24-26.

[10] 何淑贞 . 学生理想信念教育探析 [J]. 教师博览（科研版），2013（2）：5.

[11] 贺雯 . 心理健康教育与思想政治教育在高校育人工作中的协同促进作用探究 [J]. 现代农村科技，2024（01）：131-132.

[12] 靳超英.思想政治教育融入大学生心理健康教育教学改革探究 [J].中国军转民，2023（23）：183-185.

[13] 康娜，马立民.全面从严治党视域下加强和改进高校思想政治教育工作的思考 [J].学校党建与思想教育，2022（18）：60-63.

[14] 赖文庆.思想政治教育视角下的大学生心理健康教育研究 [J].黑龙江教师发展学院学报，2021，40（11）：110.

[15] 李建融.高校心理健康教育和思想政治教育耦合分析 [J].大学，2023（36）：43-46.

[16] 李文华.大学生创新创业教育融入思想政治教育的路径研究 [J].科教文汇，2024（09）：36-39.

[17] 李文欣.浅探新时代高校学生管理工作中思想政治教育的意义和方法 [J].品位·经典，2022（06）：128-130.

[18] 梁炜昊，史小禹.高校思想政治教育科学发展研究 [J].喀什师范学院学报，2013，34（4）：88.

[19] 刘航，孙朋，郭玲倩，等.思想政治教育如何在高校创新创业教育中发挥作用 [J].西部素质教育，2024，10（07）：73-76.

[20] 刘艳华，孙晨浩，宋安琪，等.新时代医学生医德教育的探索 [J].中国继续医学教育，2023，15（22）：187-192.

[21] 刘源.探讨高校体育理论课程教学体系的构建路径 [J].体育画报，2022（21）：191-192，194.

[22] 毛斐均.思想政治理论课中的叙事方法探析 [J].思想理论教育导刊，2020（04）：111.

[23] 钱云光，张凤寒.大数据视域下高校思想政治教育工作精准化研究 [J].学校党建与思想教育，2022（17）：81-83.

[24] 唐丽静.立德树人视域下高校学生管理工作与思想政治教育工作协同发展探究 [J].科教文汇（中旬刊），2021（26）：52-55.

[25] 田亚西.新时代下大学生思想政治教育与心理健康教育协同育人的研究 [J].产业与科技论坛，2024，23（01）：107-110.

[26] 佟艺峰.基于"以人为本"的教育思想理念浅谈高校思想政治教育与高校学生管理工作相结合 [J].公关世界，2022（14）：110-111.

[27] 王斌伟．高校思想政治教育工作体系建设的逻辑、历程和启示 [J].学校党建与思想教育，2022（5）：34-37.

[28] 王成瑞．基于课程思政的高校体育课程教学模式改革与探索 [J].现代职业教育，2022（35）：42-45.

[29] 王莉娟，张志行．新时代法治思想贯穿融入高校思想政治教育路径研究 [J].赤峰学院学报（汉文哲学社会科学版），2023，44（10）：92-96.

[30] 王姝亚，张婧．主体性教育理念对医德教育的价值分析 [J].继续医学教育，2023，37（12）：141-144.

[31] 王宇，李成智．高校思想政治教育与创新创业教育融合途径研究 [J].思想教育研究，2019，（10）：140.

[32] 吴珊，路旋．新时代高校法治教育与思想政治教育协同育人探析 [J].秦智，2023（03）：94-96.

[33] 武英梅．大学生网络思想政治教育的方法途径研究 [J].科教导刊（中旬刊），2013（18）：78.

[34] 夏雪花．新时代高校创新创业教育与思想政治教育融合的途径探析 [J].思想理论教育导刊，2021，（08）：138.

[35] 徐海楠．新时代高校思想政治教育工作协同机制研究 [J].学校党建与思想教育，2023（23）：20-23.

[36] 徐沈静．新形势下高校学生管理工作加强思想政治教育策略研究 [J].大学，2023（25）：59-62.

[37] 许醴，姚敏．大学生思想政治教育环境的审美优化思考 [J].安徽工业大学学报（社会科学版），2022，39（02）：101.

[38] 薛卓婷，陈河．新时代加强高校思想政治教育工作的价值意蕴及路径探析 [J].理论导刊，2022（11）：125-128.

[39] 杨玲．网络背景下思想政治教育对大学生心理健康教育的影响 [J].中国学校卫生，2024，45（03）：465-466.

[40] 杨小丽．系统思维视域下高校思想政治教育工作的整体性建设 [J].学校党建与思想教育，2023（18）：18-21.

[41] 杨晓平，刘强，李雷．全媒体时代高校思想政治教育工作路径创新研究 [J].教育现代化，2020，7（21）：194.

[42] 杨兆宝 . 心理健康教育融入思想政治教育之可为、难为与作为 [J]. 中学政治教学参考，2024（11）：86.

[43] 叶祖斌 . 学生管理工作与高校思想政治教育融合路径探索 [J]. 国家通用语言文字教学与研究，2023（12）：49-51.

[44] 尤芳舟 . 教育高质量发展进程中加强高校社会主义核心价值观教育的思考 [J]. 沈阳工程学院学报（社会科学版），2024，20（02）：133.

[45] 张灏 . 法治思想融入高校思想政治教育研究 [J]. 公关世界，2023（24）：55.

[46] 张丽君，徐磊，王安东 . 思想政治教育与创新创业教育融合的内在逻辑、现实问题及实践路径 [J]. 就业与保障，2024（03）：55-57.

[47] 张琳，张玉玲 . 高校思想政治理论课教学方法的探究 [J]. 艺术科技，2017，30（5）：58.

[48] 张永红 . 高校法治教育融入思想政治教育的路径研究 [J]. 淮南职业技术学院学报，2023，23（02）：25-27.

[49] 赵慧军 . 高校思想政治教育与学生管理工作融合探索 [J]. 中学政治教学参考，2024（01）：98.

[50] 赵建国 . 新时代高校思想政治教育与创新创业教育融合的四重维度 [J]. 湖北开放职业学院学报，2024，37（08）：21.

[51] 赵旭 . 以文化自信引领高校思政教育 [J]. 奋斗，2024（09）：70.

[52] 郑斌 . 高校思想政治教育与创新创业教育深度融合的探索与实践 [J]. 南昌师范学院学报，2024，45（02）：106-110.

[53] 刘籽婧，赵善庆 . 新时代大学生爱国主义教育的多重内涵新解 [J]. 佳木斯大学社会科学学报，2021，39（05）：83.

参考文献